北大-林肯中心丛书

International Experience of Land Management Systems
土地制度的国际经验及启示

北大-林肯中心　编

科学出版社
北京

内 容 简 介

本书收录六位国际学者的专题文章，讨论土地市场、产权、土地利用管制、耕地保护、征地、土地增值回收、房地产税及住房与土地政策等方面的问题，旨在帮助读者了解一些国家和地区的土地管理制度经验及其对中国土地政策改革的启示。

图书在版编目（CIP）数据

土地制度的国际经验及启示/北大-林肯中心编. —北京：科学出版社，2018.8

（北大-林肯中心丛书）

ISBN 978-7-03-056117-6

Ⅰ. ①土… Ⅱ. ①北… Ⅲ. ①土地制度-研究-世界 Ⅳ. ①F311

中国版本图书馆 CIP 数据核字（2017）第 317155 号

责任编辑：方小丽 / 责任校对：贾娜娜
责任印制：吴兆东 / 封面设计：无极书装

科学出版社出版
北京东黄城根北街 16 号
邮政编码：100717
http://www.sciencep.com

北京虎彩文化传播有限公司 印刷
科学出版社发行 各地新华书店经销

*

2018 年 8 月第 一 版　开本：720×1000　B5
2019 年 1 月第二次印刷　印张：10
字数：210 000

定价：72.00 元
（如有印装质量问题，我社负责调换）

前　言

本书收录了六位国际学者应北京大学-林肯研究院城市发展与土地政策研究中心（简称北大-林肯中心）的邀请而撰写的七篇文章，旨在帮助读者了解一些国家和地区的土地管理制度经验及其对中国土地政策改革的启示。这七篇文章起源于2014年5月31日至6月1日在北京举行的国际学术研讨会，主题为"土地管理制度的国际经验"。研讨会由国务院发展研究中心和北大-林肯中心合办，邀请了上述六位国际学者做专题演讲。会上讨论热烈，国际学者与国内的官员、专家和学者一起，讨论了土地市场、产权、土地利用管制、耕地保护、征地、土地增值回收、房地产税，以及住房与土地政策等方面的问题。鉴于六位学者演讲内容丰富，介绍的国际经验有借鉴价值，我们专门邀请他们把演讲与讨论的内容写成文章，并组织翻译，终成本书，以飨读者。

第一章的作者是荷兰奈梅亨拉德堡德大学空间规划荣誉退休教授 Barrie Needham 先生，主题是"土地市场和产权结构"，其专著《荷兰空间规划》在国际规划界享有盛誉，也为中国规划界熟悉。他指出，各个国家为了管理土地利用而创建和使用土地管理系统，一般有私法规则、公法规则、财务规则、系统运作组织四个组成部分。尽管西方国家的土地管理系统有不少共同的特点，但细节上有许多差异。他简明扼要讨论了如下问题：在西方市场经济体制下，基于土地的财产权是什么？它们如何运作？运作中会受到什么约束？产权与法律体系是一个什么关系？如何对产权估值？有哪些不同的产权结构？在土地开发中产权起到什么作用？

第二章的作者也是 Barrie Needham 教授，主题是"规划和土地利用管制在土地市场中的作用"。该章介绍了各种类型的规划手段和土地利用规制，阐述了这些手段和规制如何约束产权的交易，讨论了公共规划与私有产权之间的互动、它们对土地市场的影响，以及因规制导致财产价值损失的补偿问题。作者还特别地讨论了当政府对私人产权的使用实行规划管制或当政府积极参与土地买卖时，土地利用规划该怎么做，以及如何避免规划在盈利驱动下被滥用。

第三章的作者是以色列理工大学建筑与城镇规划学院教授 Rachelle Alterman 女士，主题是"土地征收法律与政策剖析"。Alterman 教授拥有城市规划和法律两个不同领域的学位，是国际规划界少有的规划法专家，也是国际规划、法律与产权研究协会创始人。她长期关注不同国家规划法和土地征收法的比较研究，并发表学术专著。她在文章中首先对中国土地征收法律和政策的属性做了分析，然后与国际相关经验做比较，提出了一个比较框架，阐述了比较和设计土地征收法需要考虑的主要维度，包括私有财产的宪法保护、征地补偿的原则、征地的替代方法，以及合法的公共目的如何界定。

第四章的第一作者为美国麻省理工学院李德义地产创业实验室创始主任康宇雄博士，第二作者为郑珆玮，主题是"土地价值创造和共享之间的对称"。这篇文章从发展中国家经济发展的视角出发，引用一些国家的实践例子，讨论土地价值创造、捕获、共享等重要概念和在不同发展阶段中的运用。他们强调，土地增值回收的前提是土地价值创造，而土地价值创造有赖于一个良好的城市治理制度。

第五章的作者为美国威斯康星—麦迪逊大学城市与区域规划系教授 Harvey M. Jacobs 博士，主题是"农田保护与国家资源管理"。他指出，出于各种原因，许多西方发达国家都实行农地保护政策，也积累了一些行之有效的农地保护方法，包括税收优惠、法规实施、可转让的开发权等。文章还详细地介绍了荷兰、法国、英国、加拿大和美国的农地保护经验。

第六章的作者为 Bertrand Renaud 博士，曾经长期担任世界银行的住房金融顾问（housing finance adviser），关注和指导世界各国的住房政策和住房金融体系的改革发展。他的文章主题是"住房政策和土地问题"。他以发展的眼光，考察东亚五个经济体（日本、韩国、新加坡、中国台湾和中国香港）的住房政策和土地问题的阶段性演变历程，详细讨论了土地产权制度、住房金融政策、税收补贴、公共服务提供、土地利用管制、房地产业组织、政府间关系等因素对住房体系的影响。最后在东亚经验比较基础上，指出中国住房制度改革尚需完成的若干任务。

第七章的作者是国际著名的地方财政专家、美国乔治亚州立大学安德鲁·杨政策研究学院原经济学教授 Roy Bahl 博士，他是世界上第一部关于发展中国家城市财政专著的作者之一。他的文章主题是"房地产税"。他首先中肯地总结了房地产税的优点与缺点，然后提纲挈领地总结了房地产税制的国际经验。在此基础上，他专门讨论了中国未来实行房地产税会遇到的几个重要问题，并对中国推行房地产税的未来做了展望，提出了若干操作层面的建议。

本书的编译工作由北大-林肯中心工作人员和研究生集体完成。参与工作的人员有毛熙彦、陈天鸣、周沂、赵瑜嘉、李曼曼、石心蕊、刘颜、曾馨漫、李嘉、金涛、赵敏等人。原国务院发展研究中心研究员、现中国人民大学经济学院教授刘守英博士策划与主持了 2014 年的"土地管理制度国际经验研讨会",并对本书的编译给予大力支持,在此鸣谢!

刘　志

北大–林肯中心主任

目　　录

第一章　土地市场和产权结构 ·· 1
　第一节　土地管理系统 ··· 1
　第二节　一套土地管理系统的构成 ·· 2
　第三节　土地管理的组织机构 ··· 9
　第四节　非正式的做法 ·· 10
　第五节　一块土地的产权体系 ·· 10
　第六节　国家与市场 ·· 15
　第七节　有效和高效的土地市场 ··· 16
　第八节　对于土地管理系统选择的解释 ······································ 16
　第九节　案例简介：一些国家特殊的土地管理系统 ························ 17
　参考文献 ··· 18

第二章　规划和土地利用管制在土地市场中的作用 ·························· 19
　第一节　公众期望的土地利用方式 ··· 19
　第二节　实现土地管理的方式 ·· 20
　第三节　实践中的不同组合 ·· 32
　第四节　土地管理系统的案例研究 ··· 33
　参考文献 ··· 37

第三章　土地征收法律与政策剖析 ··· 38
　第一节　土地征收的定义 ··· 38
　第二节　中国土地征收法律和政策的独特属性 ····························· 40
　第三节　比较和设计土地征收法所需考虑的维度 ·························· 42
　第四节　并不完美的《土地征收法》 ·· 52
　参考文献 ··· 53

第四章　土地价值创造和共享之间的对称 ···································· 57
　第一节　新集聚的开端 ·· 59

第二节 出口专业化发展阶段 ... 63
第三节 出口综合体发展阶段 ... 66
第四节 经济成熟阶段 ... 68
第五节 对称与因地制宜 ... 71
参考文献 ... 71

第五章 农田保护与国家资源管理 ... 76
第一节 21世纪农业土地保护 ... 76
第二节 适于保护农地的方法 ... 79
第三节 农业用地保护的经验 ... 83
第四节 未来 ... 91
参考文献 ... 93

第六章 住房政策和土地问题 ... 98
第一节 引言 ... 98
第二节 初期增长条件和东亚住房系统 ... 101
第三节 增长起飞阶段及城市集中率峰值 ... 105
第四节 东亚住房系统的基础：诊断 ... 114
第五节 结论：中国未完成的住房改革 ... 128
参考文献 ... 129

第七章 房地产税 ... 134
第一节 什么是房地产税？ ... 134
第二节 房地产税的优点和缺点 ... 135
第三节 国际经验 ... 139
第四节 中国实行房地产税的具体问题 ... 141
第五节 中国推行房地产税的未来展望 ... 143
参考文献 ... 145
本章附件 ... 146

第一章　土地市场和产权结构[①]

本章讨论的主题是若干国家针对土地利用而创设的土地管理系统。

第一节　土地管理系统

笔者所知的所有国家都有由国家机构所制定、实施和使用的土地管理规则，旨在让国家机构按照其希望的方向影响土地的使用，而且在过去的几个世纪里国家机构一直如此。事实上，在西方中世纪的封建社会，土地权利在很大程度上构建了社会关系。但在更早以前，美索不达米亚文明中就已经创设了一套复杂的土地和水资源利用的规范、规则。

一个相对稳定的社会一般会有这样的趋势——众多的规则互相协调，形成一个连贯、系统的整体。然而社会始终在变化，而规则要适应日新月异的社会情况、思维和原则。在此笔者所论述的"土地管理系统"中，其规则是作为一个整体来讨论的，暂且不论这些规则在其特定社会中是否已形成一个完整系统。本章接下来将描述构成这一系统的各个要素，并选取西方国家中的实例加以论述。

西方国家有许多共同的特点，区别在于细节。换言之，土地管理系统的一些细节可以深刻地影响系统本身的运行。这也是我们很难根据土地管理系统去把国家进行归类的一个原因（Needham，2006）。显然，一个国家的法律传统形成的"流派"对于其土地管理系统有很大影响。Zweigert 和 Kötz（1992）将西方国家的法律传统分为三类"流派"：罗马法、日耳曼法和英美法。这有助于解释诸如德国、荷兰（法律传统为罗马法）和英国（普通法）的不同土地管理系统之间的差异。而且，这种法律传统的"流派"似乎比政治意识形态更重要。不过，据笔者所知道的这些西方国家里，都存在着一种潜在的"土地自由"的

[①] Barrie Needham。

政治偏好。也就是说，国家机构创建一个宽松的框架来约束土地产权所有人，在此框架中，产权所有人可以自由随意地行使他们的权利，毕竟国家法定产权可以交易。

本书第二章"规划和土地利用管制在土地市场中的作用"将阐述和分析土地管理系统和土地利用规划之间的关系，并通过几个不同国家的案例进行说明。

第二节　一套土地管理系统的构成

有一种非常实用的分析土地管理系统的方法，即四要素法：①私法规则；②公法规则；③金融规则；④系统组织规则。

四个要素在一起构成了正式的土地制度。所谓"正式"，即形成于书面的规则制度，如法律规定（即有法律执行实施）和法定机构（即通过法律设立、负有法定职责）。然而，一个系统的实施和运行，并不完全由"正式"规则决定。举例而言，意见不一致的双方是事先尝试协商，还是直接诉诸法院？如果个人需要许可才能开展建设，那么个人是先和国家相关机构讨论建设许可证的申请，还是仅需提交申请材料？所以，除了正式的系统，非正式的规则和惯例通常会很大程度地影响这个系统的运行。本章稍后会提及这些惯例。

本节首先讨论土地的私法规则（包括产权），其次讨论公法规则和融资规则。

一、私法规则

（一）私法规则及其内涵

私法规则用来规范法人之间的关系。法人可为公民或者组织；组织可为私有（如公司或信托）或公有（如政府机构）。属于土地私法范畴的规则包括房东和房客之间的规则、邻里之间的边界规则、抵押权人和抵押人之间的规则、土地出租人和承租人之间的规则、房产买方和卖方之间的规则等。

私法规则规定的法人之间的关系包括：涉及了哪些权利，如何付款，如果一方违约应如何处理，等等。如果这些规则有效力，那么其应当能给予受害方（原告）对破坏方（被告）提出申诉的权利，且包括某种形式的补偿或惩罚。但是，公民无法对其他公民实施强制力（强制执行某一规则），这一权力被国家机构垄断。所以尽管是公民之间有分歧，但是国家机构必须参与其中。国家机构通过以下方式把私法规则合法化：①创设法律法规（经议会通过的成文法）；②将特定情况下的个别案例上升为法律；③从法律上承认长期确立的规则和权利；④建立法律制度以实施法律。

这样国家机构就可以说：如果一方违反规则，而受害方不采取任何行动，我们没有意见；但是如果受害方想采取行动，我们作为国家机构运用已建立的一系列法律制度，能够保证受害方依法追究破坏方的责任。

私法规则的产生可以美国早期法律的形成为例来说明。当时，美国对土地方面的私法规则有着明显的需求。这些从欧洲移民北美的人往往是为了摆脱传统封建的欧洲国家的限制，自由获得并使用土地，因而创立土地管理系统必须有与之不同的规则。美国依据欧洲的经验，通过各州议会及联邦的国会制定了新的法律——成文法。同时，补充性的私法规则是来自于法理学的发展和普通法体系的延伸。

（二）私法规则在土地管理系统中的重要性

私法规则对土地管理而言最重要的内容如下：①产权；②妨害法、水权法等，主要规范相邻关系；③合同法，规范产权登记和交易。

以上规则适用于全体法人，包括个人或企业、私立或公立机构。私法（或民法）这一术语似乎表明这些规则只适用于私人即非国家主体。但事实并非如此，私法规则用于规范法人之间的关系，而一个国家机构也是法人。因此，国家机构所受到的私法规则的约束与一个公民所受到的约束是一样的。但是法律可以规定国家机构不能运用某些私法规则。例如，国家机构不允许拥有某些产权。但是，国家机构还能制定其他形式的具有法律效力的规则，受公法管辖，而个人则没有这种权力（详见本节"二、公法规则"）。在其他任何方面，国家机构和个人受到同样的私法支配。

本小节将着重讨论私法中的产权。

（三）产权

1. 产权的内涵

产权赋予所有者以一种特定方式去使用某物的权利，如一块地、一栋建筑物。而且，它赋予所有者阻止他人干扰其使用该物的权利。产权不局限于土地与房子等实物，知识产权也是产权。不动产与动产在有些国家适用于同样的产权规则，有些国家则是分开管理的。

本书聚焦土地和建筑物的财产权。一块土地或者是一栋地上建筑物可以拥有多种相互不排斥的用途，所以在同一块土地或同一个建筑物上可能存在多种不同的权利，具体如下：①对物的某一部分的使用权（如一栋建筑物里的一个房间）；②土地与建筑物的暂时使用权（如仅在冬季使用或仅使用一年）；③通过土地的权利（通过权）；④从土地中开采矿物的权利；⑤在土地上建造的权利；⑥使用一栋建筑物而非该建筑物所占土地的权利；⑦从土地中汲水，或向土地排水的权利；⑧在土地上采集燃料或打猎的权利；⑨土地所出产"果实"的拥有权。

土地的租赁，即获得土地的使用权而非所有权，是一种有效的公共土地管理手段。在这种情况下，适用于土地租赁的条件就非常重要了，参见"规划和土地利用管制在土地市场中的作用"一章。

2. 完全所有权和部分所有权

对于一个具体的"物"，我们可以区分为：①对物的完全所有权（有权以任何方式使用该物）；②对物的部分所有权（仅有权以一种或几种方式使用该物）。

在盎格鲁-萨克逊（Anglo-Saxon）法系法律传统中，土地作为财产是由"权利束"组成的：如果一个人拥有一些部分权利的特定组合，那么这个人就有"永久产权权益"，就视为拥有该财产的完全所有权。在大陆法系法律传统中，财产所有权是绝对的，涵盖了所有可能的部分权利。财产的完全所有权人可以分割出部分权利，并将它们委托给他人。

但是在任何一个法律传统中，财产的完全或绝对所有权都并非绝对的，即所有者并非可以完全随心所欲地使用财产。因为拥有完全所有权的权利总会受到制约。例如，一个人想在自有土地上挖一个大坑，可能危害相邻房屋地基稳定；或是一个人想在接壤处种一棵大树，有可能妨碍邻居的视野，或挡住风车的风道，倘若如此，法律就不允许。以上这些规定都属于私法规则范畴。绝对所有权也受公法规则的限制。例如，法律禁止所有人在没有取得规划许可证的情况下擅自改变土地的用途。又如，如果改变规划而产生了土地增值，法律规定国家机构有权获得其部分收益。因此，俗话说的"我的地盘我做主"在任何一个国家都是不适用的。

很明显，由私法规则所制定和强制施行的"部分所有权"总是受到私法的限制。例如，租赁业主不能破坏建筑物或建筑物覆盖的土地。同时，"部分所有权"也被公法规则所限制，如租赁协议的条款允许租客以某些特定方式使用物业，但如果租客想要改变物业使用方式，即使该方式符合协议的约定，租客可能仍须申请相关的规划许可。

3. 产权使用规则

对每一个单项权利的全部或部分权利有这样的相关规定：①权利用途（使用权）；②权利是否可以转移给他人及转移条件（处分权）；③从使用中获得利益的权利（用益物权）。

在罗马法中，完全所有权包含了以上三项权利：有权决定如何使用土地，有权向任何人处置（买卖）土地，以及从土地获取所有利益的权利。

在部分所有权中，可以规定只允许一部分用途，如仅限住房而非商业用途；亦可规定转移的权利是受限的，如租客死后可以将租赁权转给他的家人，否则业主有权收回；也有规定在使用中获取的部分利润必须上缴业主，以代替租金，如封建社会中的"什一税"。

还有一些关于这些权利时限的规则。例如，在英格兰，产权和完整租约的定义区别在于前者是永久的，而后者有时限。

也有一些规则是关于部分所有权是否可以被继续分割。拥有完全所有权的业主通常可以自由行使权利：从所有权中为他人分割出地上通行权，或将土地租赁，或是租出一栋建筑物的一部分。但部分所有权拥有者则可能被限制。例如，一位租客是否有权将房屋转租？

另一类规则是关于这些权利是否可以作为借款的担保。这个问题在过去引起很大关注，人们争论如果不完全的所有权可以作为贷款的担保，将会刺激贫穷国家的经济发展（de Soto, 2000）。不过早在1939年，当部分所有权被定义为"产权的通常概念"时，这个议题就已引起了关注（Kruse, 1939）。

如果没有法律捍卫，财产权就只是"一纸空文"。假设一个人有一个可以在某公寓居住十年的协议，他履行了所有协议的规定条件，但有一天回家发现，房东已经进屋并清空房间，然后转租给了另外一个人。如果要追究房东责任，就可以按照相应法律维权。如果是另外一种权利被侵犯，则须适用不同的法律来维护权利。

通常，法律仅适用于正当登记的产权，并且对于登记也有一些规定。例如，一些权利在登记时可能需要公证人在场；另外一些权利则只要各方签署符合形式要求的书面文件即可生效。

最后，有一些规则限定了对人权利或对地权利。这种区分也许很晦涩，却很重要，将于下文阐明。如果权利附着于个人，在个人死亡或者自愿放弃权利后，权利即终止，或归还给完全所有人。大多数国内的租赁协议属于此类。在罗马法中，这类权利被称为"对人权利"。另一种情况是，如果权利附着于土地（runs with the land），该权利在土地所有权发生变更后依旧存在。例如，一个人拥有一块地，其他人对该块土地拥有地上通过的权利。土地所有人死亡或将该土地出卖后，公众通道权仍然持续。这种权利在罗马法中被称为"对地权利"。

下文举例说明这些规则在管理财产权的行使中的重要性。

（1）流转的限制。在英国（如英格兰和威尔士）和美国，一个承租人的商业租约可以出售（分租），但这在荷兰是不允许的。对于拥有房产产权的企业而言，出于商业考虑，在荷兰经营要比在英美更有吸引力。

（2）分割部分所有权的限制。在英国（如英格兰和威尔士）和美国，土地的开发权可以从土地的完全所有权里分割出来，而荷兰不允许。因此，在英国和美国，开发权可交予私人信托机构保留，以防止土地利用进一步的更改（土地资源保护协议）。

（3）权利转让的限制。在英国（如英格兰和威尔士）和美国，完全所有权的转让会受到根据"对地权利"的限制条款（restricted covenants）的制约，而这种制约在荷兰是非常困难的。在英国和美国，业主可以与房屋业主协会（Homeowners' Association）共同开发住宅，委托房屋业主协会对房屋进行高质量的维护和管理。业主则需要加入该协会并同意相应的限制条款，限制条款中规定了加入协会的业主的义务和协会的权利，而在荷兰，这种管理和维护住房质量的机制则难以建立。

（4）法律救济的限制。在英格兰和威尔士，完全所有权不包括限制他人在土地上通行的权利。土地所有者唯一可以限制他人通过的情形是证明侵入者的行为已经对土地造成了破坏。

4. 对于谁可以拥有产权的限制

国家机构创设财产权法规时，需确定哪类特定法人拥有哪类特定产权。所以我们通常会看到一些关于这个问题的规定。

（1）谁可以占有沿海岸线边沿的土地？这些土地是公共所有吗？如果是，那意味着什么？海岸线边沿可以有多宽？沿岸的土地能否私有？

（2）谁可以拥有土地下的矿产储存？法律明确规定地下几米属于地表的所有者，该地下权利的范围应当有多深？

（3）土地所有者可以在地下（ad inferos）多少米以内限制其他人的进入？在土地上空（ad ceolum）多少米限制其他人进入？

（4）有没有一些土地只属于一个公认的集团（如一些有资格去拥有和使用共同土地的团体）？

（5）在国家疆界范围以外的海洋所有权。国际法的一些条款说明任何人不得占有这样的海域。

在大多数国家，对于产权的定义多多少少是相同的（Honoré，1961）。各国的区别在于谁可以拥有哪类产权的规定。特别是在社会主义国家，法律（或以往的法律）通常规定私人不得拥有以生产为目的的土地和建筑物。例如，在古巴，私人不得拥有一处以上的房屋，也不得拥有工厂；合作社可以拥有农田，但私人不可以。

有些时候，某些规则显得很特别，但在实践中它们并不重要。例如，在英格兰和威尔士，所有土地的完全所有权由君主保留，在此之下的完整产权为自由保有权（freehold），而任何人都可以享有土地的产权。以色列在1948年建国时规定，所有在国土范围内土地的完全所有权都归国家所有。

5. 权利意味着义务

需要注意的是一项权利永远意味着一项义务：一个人的权利就要求其他人有

义务去尊重这项权利（Hohfeld，1913，1917）。如果一个人有权利去以某种方式占有使用一栋建筑物，那么其他所有人（包括建筑物的完全所有权者）有义务准许他这么做。如果其他人没有履行他们的义务，他可以上法庭起诉他们并维护他的权利。这个道理是双向的，所有者也拥有义务，同时不是所有者的其他人也拥有某些权利。

我们可以运用这些观念去区分四种"财产权制度"（Bromley，1991）。

（1）私人财产：所有者有权在法律的范围内行使权利，所有其他人有义务不干涉该权利；所有者有义务保证土地的用途为社会所接受，其他所有人有权期望土地的使用符合社会规则。

（2）国家财产（如道路、公园）：国家机构有权利确定使用和进入规则，所有其他人有义务注意遵守使用和进入规则；国家机构有义务相应地维护公共财产，所有其他人有权期望国家机构会相应地维护公共财产。

（3）公共（或共享）财产：财产管理者有权决定谁可以成为成员，决定财产的利用率和维护事宜；共有所有人有权（在法律范围内）行使他们的权利；其他人有义务尊重规则和权利；管理者有义务对共有所有人履行责任；共同所有人有义务遵守管理者制定的规则；其他人有权利期望管理者和共有所有人的行为是负责任的。

（4）开放资源（非财产）：每个人都有权利使用该资源，没有任何义务。值得注意的是，开放资源并不等同于公共财产。公共财产的管理和使用可以并且经常是可持续的，而开放资源经常因过度使用而导致衰竭。也正因为如此，哈丁在1968年提出的"公地悲剧"常被误用。

同时须注意，所有以上财产制度的权利和义务对任何法人均适用，包括个人和企业、私有和公有。特别是如果一个国家机构拥有产权，不管是在私有财产制度下还是公共财产制度下，国家都负有一定的责任和义务。如果个人在私有财产制度下拥有产权，国家有义务尊重他的权利。

二、公法规则

（一）公法规则的内涵

公法规则赋予国家强加义务于法人的权利，而这正是与私法规则显著不同之处。后者（私法规则）是管理法人之间的"往来"，并且在一方认为规则被违反而想对违规者采取行动时才适用。如果一方想这么做，那么他将使用国家制定的法律系统。而在公法规则中，国家颁布法令，当法令被违反时由国家采取强制力执行。这类公法下的行为同样依赖国家建立的法律系统，但此系统（行政法庭）是不同于私法规则的系统（民事法庭）。

举一些对于土地管理非常重要的公法规则作为例子：在没有取得建设许可的情况下是不允许建设的，使用土地不可以违背合法的土地利用规划，不允许造成环境滋扰，否则财产可能被政府征用。此处包括强制征收（财务或实物）的规则。例如，如果一个产权因为一项新的公共基础设施而增值，那么这个产权所有者必须上缴一部分增值收益（价值捕获）。

请注意所有的公法规则都适用于所有法人，包括国家机构。假如，有一项规定说超过一定大小的建筑物只有申请建筑许可证才能建造，该规定也适用于想建造自用建筑物的国家机关。如果一个区域分区规划中的部分地块由国家机构所有，且该分区规划是适用于所有土地的，那么国家机构所拥有的地块也包括在内。

显而易见，所有这些规则都是由国家制定的。但是欧盟成员国家必须考虑到《欧洲人权公约》，该公约在第一议定书第一特别条款中提及，"每一个自然人或法人都有权享用他的财产。任何人不得剥夺他的财产，除非是基于公共利益或基于法律和国际法的一般原则所规定的条件。然而，当国家认为有必要控制财产的使用以便保证与公共利益一致，或者为保证支付税款、公款或罚款时，前述条文也不能以任何方式阻止国家执行这些法律"。实际上，欧盟裁决并不详细检查国家法律的内容（尽管它确实导致荷兰政府修改了征用法），更意在通过检查以避免这些法律被滥用。

（二）保护公民免受公法规则的滥用

公法规则是由国家机构强加给法人的，而且可以（严重地）限制财产权利。这也使其成为一个敏感的议题，特别是土地问题，因为土地和土地使用对个人的幸福生活至关重要。例如，法律可以明确限制通过几种途径利用土地，这可能就影响了产权拥有者的土地使用和投资价值。在极端情况下，法律可以让国家剥夺特定的财产权，剥夺所有者对土地潜在的一切使用权。

因此，公法规则通常遵从于更基本的准则，旨在保护公民，防止国家机构肆意运用公法规则。以土地管理为例，有些规定赋予利益相关方就某一项政策提议向政府咨询、反映意见的权利，如土地利用规划；对拟定的提议提出反对的权利，如土地征用；对政府某一项正式决议进行申诉的权利，如修建高速公路。而且，公民有权利期望国家机构能够在做正式决定时尽职尽责并遵循特定原则。例如，美国公民以违反"正当程序"为由可以对国家机构提起诉讼，而荷兰公民以忽视"负责任政府的原则"可以提起诉讼（Needham，2014），在英格兰和威尔士，有争议的决定还可以接受"司法审查"。

三、融资规则

土地管理系统往往包含融资规则。针对一些共享设施，难以判定谁是受益人，也难以使受益人承担使用费。很多基础设施，如公园、路灯等，均面临类似的问题。在这种情况下，有一套规则专门针对公共设施的融资，如通过收费、补贴、一般税收或房产税等手段来解决这一问题。

有一些融资规则是源于执行公法规则而导致了价值损失的赔偿问题。例如，改变了分区规划使一块土地贬值（down-zoning），该土地的所有权者可以要求赔偿。如果土地被征用，政府必须要付赔偿金，但是不同的土地管理系统有不同的赔偿标准。

公法规则的实施或其他一些公共行为也可能使土地升值（up-zoning）。例如，分区规划的改变促使土地升值，并且改善了相关基础设施。一些国家会对受益业主收取费用（改良费）。

第三节　土地管理的组织机构

由国家机构来创建和运行土地管理系统是必需的。首先我们要考虑的是负责一个特定地域的综合性政府机构，如国家、区域、省、市各级政府。

一般性的法律条文必须在私法规则和公法规则下制定出来。例如，在一定条件下保证承租人租期（私法），或者在无建设许可证的情况下禁止开展建设（公法）。在单一制国家，通常是国民议会来制定这样的规则（成文法）；在一个联邦制国家，国家（联邦）和州的议会都有权这么做。在普通法国家，一些民事的法律是由法院创立的。

由议会制定的大多数公法规则被称为"立法框架"。这意味着它赋予国家机构一些既定的宽泛的权力，而由国家机构来决定如何使用。例如，有一些一般性法律允许省和市有关部门制定分区规划，其中规定申请开发土地必须符合当地的规划。但是一般性法律没有规定分区规划的具体内容，它是"空"的。省和市政府有权决定其内容。它们以一般性立法框架为依据来编制自己的土地利用政策。不过，只有国家级或联邦政府才能决定不同级别的政府之间的权力划分，以及下级政府所能享用自治的程度。欧盟成员国提供了这方面的许多不同做法（European Union, 1997）。

有一些额外的国家机构参与管理土地，可以是永久性的、专门的机构，也可以是临时性的、为实施某一项目而建立的机构。前者如水务委员会或交通机构，后者如半公共的城市发展公司（Urban Development Corporation, UDC），或一个对沼泽地进行土地平整以备建设的机构。

在这一类实践中，不同国家和地区自有其不同的做法。例如，英格兰和威尔士创建公共发展公司来管理新城镇的建设，这些半公共的城市发展公司开展了大规模的旧城改造项目。在荷兰，这些任务通常都由城市政府执行，通常是很小的城市政府。

最后，我们提到的法定组织如民事法庭及行政法庭都可以判定规则的应用是否合理。

第四节　非正式的做法

本章已经讨论过正式的法律、融资规则和组织。但是非正式的做法和一些习以为常的处理方式对土地管理系统也有很大的影响，说明这一点的最好的方法是举几个例子。

在荷兰，确定开发项目的内容以及实施过程中，城市政府和开发商经常密切合作。在正式的条文下，正规批准一个开发项目的土地利用计划是当地市政府的责任，但是条文没有明确谁来制订这个计划。实际上，这个计划通常是由市政府和实施工程的一个或几个公司共同制订的。正式的条文还要求，开发商必须向市政府提交项目规划，以获得正规批准，但是条文没有禁止申请者和开发项目控制人之间的讨论。实际上，建设规划往往是市政府和开发商一起合作制定，并具体到工作细节，以确保申请被批准。对于很多外国研究者来说也许有点不可思议，但这些做法似乎并没有滋生腐败。

在20世纪七八十年代，英国开发商曾试图在阿姆斯特丹盖写字楼，结果却失败了。他们以为了解荷兰的正式土地管理体系，按照英国的做法就能行得通；然而，他们却不了解荷兰的非正式运作方式。基于类似的原因，荷兰房产开发商在德国遭遇了类似的失败。

最后再举一本书为例：《没有法律的秩序：邻居如何解决争端》（*Order Without Law: How Neighbours Settle Disputes*）（Ellickson，1991）。该书作者研究了美国加利福尼亚州一些小型孤立社区后，指出人们解决矛盾倾向于非正式的社会认可的办法，而不是正式的法律途径。

第五节　一块土地的产权体系

一、产权体系的内涵

我们已经看到针对任何一块土地都有大量的一般性规则可以适用。大部分规则都具有潜在的影响，但是只有少数规则被具体地应用到某一块土地上。在任何情况下，准确地落实和应用登记注册的规则都非常必要，我们知道谁拥有某一块土地的产权，但是具体是何种产权则取决于所适用的一般性的规则。例如，一个农民的租用土地的契约上可能存在毗邻的农场主对该土地的地上通行权。

此外，某些公法规则也有可能具体适用到一个地块。例如，在分区规划中指定某一块地作为农业用地，禁止变更任何用途，又或一块土地上可能会预留一条地块，以备未来十年内修建新公路之用。

原则上，我们认为每一块地均存在以下问题：①在这块地上谁拥有产权，什么样的产权；②所有者可以如何行使这些权利。这就是所谓一块土地的"产权体系"。

从 2004 年起，在荷兰，人们通过查阅地籍便可找到适用于每块地的私法规则，并可以通过点击土地使用规划的电子链接查询某一块地所适用的公法规则。如此一来，每个地块的产权制度都能被查阅知晓。

二、产权的流转

财产权可以在法人之间通过多种方式进行交易和流转。

（1）自愿，通过市场。

无特定对象的交换：让与人（供应方）并不需要知道受让人（需求方）。供应方和需求者的意愿通过价格机制统筹。

（2）自愿，非正式或通过封闭的人际网络。

这种交换是有特定对象的：供应方和需求方互相认识，他们是亲属或同属于一个人际网络。供需双方愿望的协调往往基于信任，通常伴随付款行为。

（3）非自愿：国家机构决定产权必须转移，如征收；或限制可能的买卖双方，如优先购买权、土地重新调整。

三、国家机构在市场上的交易

请注意，在大多数国家，不仅仅是私人的法人可以自愿转让财产权（买卖），国家机构也可以。在这种情况下，国家机构可能不仅和私人法人一样受到私法规则的约束，同时还要受到额外的规则管制，以防止公法权力的滥用。例如，一个城市政府想要为新的办公空间购买一处特定的地块，现有的分区规划显示，该地区应为低密度住宅区。市政府在购买了土地之后才决定改变其分区规划为办公用地，就以廉价的低密度住宅区的土地价格获得了高价值的办公用地。又如，市政府占有一处未建设的土地，这块土地适合做住宅开发并已经做好相应规划。市政府想要卖出这块地，因为市场上存在着很高的住宅用地的需求。但市政府在将自己的土地卖出之前并不规划其他住宅用地，这就为其制造了暂时的垄断。

例如，在荷兰，国家机构不能利用其市场主体的地位来实现其通过公法权力所能达到的政策目标，也不能为了躲避严格的公法程序而使用较宽松的私法程序，更不允许私人权利与既定的公共政策相违背。

四、产权市场

产权转让有三种方式，本章只讨论市场转让，不会讨论"土地市场"（意味着转让土地完全所有权），但会讨论所有的产权市场（包括部分所有权，只要可以转让）。

例如，在以色列，土地归国家所有，但土地租赁市场很活跃。在荷兰，首都阿姆斯特丹80%的土地归市政府所有；中央政府所在地海牙，77%的土地由国家或市政府拥有。但在租用土地上，两个城市的房地产市场都很活跃。大多数地区都有住宅租赁（出租房）市场。在伦敦的部分地区（老的地产，如贝德福德和威斯敏斯特）不可以购买建筑空间的永久业权，只能租赁；但是租期往往是999年，所以永久业权和租赁的不同之处难以察觉。这样的租赁市场在荷兰几乎是不可能的，因为这样的租约是不可转让的。

英格兰和威尔士提供了一个特殊的产权市场的例子。1947年，土地的部分所有权（开发权）被确定及国有化，现在已归国家所有。所有的土地产权所有者都因为失去这项权利而获得经济补偿。其结果是，永久业权所有者没有权利去"开发"土地（即改变其用途）。与此同时，产权的部分所有权市场自由而活跃。如果永久业权的所有者想要"开发"土地，他必须申请许可证，因为他没有开发权。由于开发权归国家所有，国家有大量的自由裁量权决定何时给予许可证，并且在许可证上附加很多条件。事实上，如果没有在法律上明确的话，尽管开发权属于国家，该项权利的经济价值在法律上或事实上属于永久业权所有者。因此，因发放许可证而增值的部分土地收益属于永久业权所有者。但是国家可以在许可上设定附加条件，这些附加的条件由土地开发后的增值收益来支付。

（一）产权市场是很有用的

我们必须要建立一些让人们（或法人）获得产权以及和其他人交换产权的机制。一种选择是价格分配机制：任何人都可以买卖，交易是自愿的，由价格机制协调。另一种选择是行政配置机制：在客观规范的基础上，一个产权所有者把产权分配给另一个人。这并不排除以付费来获得产权，但是价格并不是供需平衡的价格，通常它低于市场价格。在行政配置中，供应者一般为国家机构，也可能是半公共的组织，如一个房产协会。

首先，经验表明，要排除通过市场还有非正式的自愿交易。只允许行政划拨产权是很困难的。市场的自愿交易能为卖家带来收入，是有吸引力的；对富裕的买家也是有吸引力的，因为他们比贫穷的买家更有优势。非正式的自愿交易在家人或朋友之间也具有吸引力。例如，首先，农场的租户希望他的儿子接手租约。其次，经验也表明，如果市场被禁止，国家希望所有的交易由自己（行政配置）来决定，这通常会非常笨拙、复杂，且影响经济效率。最后，由市场决定的价格能成为指示资源的稀缺性和优先性的有效信号，而行政划拨则不能反映这类信息和属性。

简而言之，产权市场对社会和个人都非常有用。

古巴对此提供了一个非常有意思的例子（Nunez Fernandez, 2012）。在1959年古巴革命之后，古巴政府建立了一套土地管理系统，导致法律的行使不畅和效率低下。由于古巴政府决策的临时性和非透明，脱离价格机制和建筑物划拨原则导致土地利用效率明显低下，不利于经济发展，也无法满足消费者。脱离价格机制的土地和建筑物的划拨原则导致了土地利用效率明显低下，不利于经济发展，也无法满足消费者。为了修正不可预料的结果，古巴在财产权和产权流转的规则上进行了改变。

在古巴，住房的所有权人不可以把房产出售给私人买家。如果有人因为换工作想要搬到另一个地方，购买另一处房产会受到官僚规则（行政划拨）的管制，耗费大量时间。因此，一个非正式的市场产生了。人们可以互相交换房产的使用权，交换居所也通常涉及金钱交易，即物物交换（la permuta），这是非法的，但是带来了劳动力市场所必需的灵活性，所以政府在初期视而不见。后来，国家允许在公证处管理这种交易，并将交易信息录入地籍登记系统。

（二）市场交换规则

完全所有权和部分所有权的自愿交易，无论是通过市场的正式交易，或是通过关系网络的非正式交易，通常由私法规则来监管（合同法、产权登记等）。如果没有这些规则，市场将无法正常运转。从这个角度来说，产权市场总是被监管的。

交易权也受到监管。交易权本质上属于私法规则，而且可能受公法规则的限制。例如，一块地可能规定用于农业而非建房。然而，这块土地买卖自由，甚至这一限制规定也是可以自由买卖的。因此，实际上进行交易的是土地/建筑物及其相关的"产权体系"（如上所述）。

（三）产权在市场中的价值和价格

产权对于产权所有者而言是有价值的，取决于产权所有者在特定情况下如何行使。如果产权在市场上交易，价格通常反映其价值。在大多数国家的大部分的产权市场，公法规则对交易价格没有限制，这是自由的"价格形成"。

也会有一些例外，这种"在市场中形成的价格"有可能受到限制——由公法规则定价或限价。在很多国家常见的一个例子是对廉价租屋的租金限制。这些租屋的租住权假如在市场上自由交易的话，市场价位会升高，但是房东不能按其要价。批准的最高租金取决于依租屋自身条件所设定的价格标准。

1. 国家机构供应土地的价格

当国家机构成为土地供应方的时候，上述陈述是否仍然正确呢？

国家机构供应土地可以总是低于土地的最高可能价值，个人和一些慈善组织也可能这么做。国家机构这么做有社会或政治目的，如要为贫穷家庭提供良好的低价住房，就要提供必要的廉价建设用地；或者要想吸引产业落户，就要提供便宜的工业用地。

但国家机构可以高价卖地吗？答案是不可以。因为没有人愿意购买价格高于其价值的土地。然而，假设国家机构在其管辖范围内垄断了土地的供应，接下来便可以利用其垄断权力来限制供应，并以这种方式提高土地对需求者的价值，以收取更高的价格，这是垄断的经典理论。但是国家机构供地的垄断程度如何呢？如果国家机构只供应某一区域的土地，而需求者可以在其他区域顺利交易并且自由选择安家之所，那么国家机构就要与其他区域的土地供应者相竞争。这种"区域垄断"的力度没有"完全垄断"力度大，因此，这就限制了政府机构通过控制供应推高地价的程度。只有在需求者无法选择到别处定居时国家机构供地才能形成垄断地位。

2. 影响价格和公平性考量的公法规则

当土地价格由市场交易自由决定，且受到地区法规或提供基础设施等公共举措的影响时，可能会产生合法性和公平性问题。

这是众所周知的，再举几个例子说明。有人买了一块未开发的居住用地，这块地在建房之前被更改规划成了开放空间，价值下降了，即产生了下行规划，通常会造成土地价值贬值。该地块的所有者是否有权因价值损失而获得公共赔偿呢？有人买了一块未开发的农业用地，这块地又被改为居住用地，价值上升了，即产生了上行规划，通常会使土地价值升值。国家是否有权去获得一部分增值呢？国家建了一条新铁路，靠近新火车站的私有土地价值上升了，国家获得其部分增值是否具有正当性呢（价值捕捉）？

在这种情况下，不同国家有很多不同的做法。

3. 土地投机

土地是耐用商品，所以它的价格取决于一段长时间的预期回报。在此期间，影响土地价格的条件可能会发生变化，如经济和人口的增长（如城市的某个区域的人口增长）；或是政府公共政策发生改变，这些变化是难以预料的，因此，在某一时刻，不同的人对某一块地的价值判断也会有所不同。

土地投机是一种特殊的形式。有的人以现有价格来购买土地并不是为了现在使用，而是因为他预期地价会上涨，想等待价格上涨时坐收渔利。土地投机会造成诸多问题，它会让土地价格上涨到不切实际的水平，最后接手的买家要卖出只能亏本。所以炒房人不卖出是等待更好的时机。土地投机行为麻痹了土地市场的灵敏性，直至地产泡沫破灭，价格大跌，由此产生的经济损失可能会严重扰乱银行和金融系统，如日本20世纪80年代的房地产泡沫在20世纪90年代破灭。此外，如果土地价格上升到如此高的水平，那么地价吸纳了由开发项目产生的所有资金盈利。政府机关负责制订完善的土地利用计划，想让开发商投资基础设施，建造保障性住房，等等，但是开发商却可以回应：如果能以较为低廉的成本获得土地，谁都愿意出资；然而土地投机把地价推升得过高，已经没有什么利润了。因此，土地投机不仅威胁金融健康，而且会对政府公共项目的推行带来不利影响。

对于这类衍生问题，一种解决方案是可以在投机者到来之前，通过制定细致且有约束力的土地利用规划来减少负面影响。如此一来，某个项目用地的最高地价就很清楚了。具体到征用土地的最高赔偿金，则可以根据土地利用规划评估作价，而不会依照投机客的"漫天要价"。另一种解决方案是政府强制行使优先购买权（见第二章第二、三节内容）。

第六节　国家与市场

国家应多大程度地参与土地市场？这是常见的土地管理系统中关于市场定位的重要抉择。一个极端是国家不参与的自由土地市场，而另一个极端是一切由国家调控，没有市场。

然而，这样的抉择没有意义。因为正如我们所看到的，如果没有国家保障私法规则，管理土地的自愿使用和自由买卖，就没有土地市场，而且，政府机构本身也是土地市场中活跃的主体。

对于这一土地管理系统的抉择最好的分析是：①根据私法和公法，国家应出台何种程度的法律法规？在哪种市场中必须生效？②政府机构应不应该与私人一同积极参与土地市场？③政府应在什么时候排除市场（禁止市场参与）？

因此我们看到，在西方国家的做法中，我们已确定三种类型的规则：私法规则管理自愿使用和交易，公法规则限制自愿的交易，以及公法规则限制非自愿的交易。这些规则以三种方式使用：①规范土地市场运行；②政府机构积极参与土地市场；③排除土地市场。

三种规则之间的不同组合和不同程度的参与，形成了多样化的实践方式。这些将在第二章里讨论。

第七节　有效和高效的土地市场

　　无论我们做出怎样的选择，土地管理系统都包括了活跃的产权市场，而且我们期望这个市场能够卓有成效地运行。这意味着什么呢？

　　假设国家建立土地管理系统是为了实现一系列的既定目标，那么系统作为一种"工具"，必须满足一定的功能。在实践中，土地管理系统通常是自然发展，而非人为创建出来的。尽管如此，它应当运作良好，并应不断改进以适应外部变化。接下来的问题是：我们希望土地管理系统具备什么样的功能呢？答案只能是政治上的。国家为土地市场设定法规，并且本身可以在市场上运作，其目的通常有很多：经济福利、社会正义、环境的可持续发展、舒适的生活条件等。人们所期待的土地市场的"有效"运转，就是为了将这些目标变为现实。不仅如此，目标的实现要有效率，即快捷高效、管理成本和交易成本低廉[①]。

第八节　对于土地管理系统选择的解释

　　本书在一开始就谈到每个国家都有由国家机构所制定、实施和利用的规则，旨在让国家机构按照其希望的方向影响土地的利用，而且这些规则在不同程度上形成了一个完整协调的系统。为什么每个国家都有一个与其他国家不同的、独特的土地管理系统呢？

　　这个问题解释起来很难。有很多因素影响着国家的制度选择，不仅有物质条件，如地质、水文、自然资源、人口密度和分布、人口增长和经济的增长，也有制度"基础设施"，如政治、法律和行政制度，此外还有社会的根本价值观和政治意识形态，后者还决定了人们期望能在土地管理系统中达到的目标（如良好的生活条件、经济增长、机会的平等分配和环境的可持续性）和系统能有效运转的条件；它们也决定了系统所必需的操作规范，如透明性、合法性、不受腐败和庇护主义影响。还有一个很重要的因素是经验：一个国家的一整套土地管理系统还要检验系统的运行，并不断优化以适应新形势。我们也必须谨记，体制不会迅速

---

　　① 可以看出，笔者对于"市场效率"概念的理解与其他一些经济学家不同。笔者的相关理论在另一篇文章（Needham，2006）中有详尽阐述。

改变，也很难被刻意地改变。体制改革有一个"路径依赖"，所以历史（包括历史上的突发和"偶然"事件）通常会对某个特定的土地管理系统有长远的影响。"细节是关键"，这些细节根深蒂固，有很长的历史渊源，所导致的结果也很难消除。

这也是很难将土地管理系统分门别类的一个原因。在西方国家，一定程度上由于意识形态因素，市场通常扮演一个举足轻重的角色。然而实际考量和历史惯性也都有很大影响。

第九节　案例简介：一些国家特殊的土地管理系统

在德国南部，农田继承法造成了大量碎小地块。如果不触动土地所有权的话，就不可能建成一个新社区。强制收购为此提供了可能，通过整理合并形成大面积的建筑地块。但是，在重新统一之前的联邦德国，强制收购面临很大的政治阻力，一部分原因是国家社会主义[①]的教训。土地重新调整作为替代手段，则被广泛地大规模运用于这类城市的开发中。

在以色列中部，城市发展遇到巨大压力。城市政府有权力去引导城市发展，但是政府财力有限不能为之提供必要的物质条件和社会基础设施，它们也没有适当的权力通过价值捕捉去部分获取土地的巨额增值利润来资助那些基础设施建设。所以政府进行了大量强制性的土地重新调整，用项目预算提供了社会性和物质性的基础设施。

在荷兰，很多土地都在海平面以下，加上土地很潮湿，不适于建筑，这使土地排水和开垦的做法在11世纪就产生了，远远早于这个国家的成立时间。当地的土地所有者通过共同合作利用土地，如此便催生了一种文化，即土地的使用决策应该由共同协商做出。如今，城市政府行使这一职责。作为这种文化的一部分，20世纪之后的几十年间，大部分卖给私人开发商的建筑用地都由城市政府提供；城市政府从农民那里买来农田，进行平整，之后卖给私人或半私人开发商。这个过程是友好的，并没有强制性的购买。市政府同其他法人一样都是土地市场的参与人。近年来，市政府不再大规模买卖开发用地，但仍然在大型发展项目中有深度的资金参与。与此同时，因为人口密度高和洪水威胁，荷兰在数百年间形成了一套详细的如何使用土地的法律（公法规则），包括必要的许可和程序。荷兰人

[①] 根据维基百科，国家社会主义是主张国家至上的社会主义，与主张民主至上的民主社会主义互为对抗。在希特勒的影响下，国家社会主义演化为纳粹主义。关于国家社会主义是否等同于纳粹主义，目前还有争议。结合上下文，此处想表达的是法西斯时期的纳粹主义。

对这些法规和许可的必要性已经形成了社会共识。

参 考 文 献

Alterman R. 1982. Land value recapture: design and evaluation of alternative policies. Occasional Paper, No. 26, Center for Human Settlements, University of British Columbia: 70.

Bromley D W. 1991. Environment and Economy: Property Rights and Public Policy. Cambridge: Blackwell.

de Soto H. 2000. The Mystery of Capital. New York: Basic Books.

Ellickson R C. 1991. Order Without Law: How Neighbours Settle Disputes. Cambridge: Harvard University Press.

European Union. 1997. The EU compendium of spatial planning systems and policies. Luxembourg: Office for Official Publications of the European Communities.

Hohfeld H W. 1913. Some fundamental legal conceptions as applied in judicial reasoning. Yale Law Journal, 23(1): 16-59.

Hohfeld H W. 1917. Fundamental legal conceptions as applied in judicial reasoning. Yale Law Journal, 26(8): 710-770.

Honoré A M. 1961. Ownership//Guest A G. Oxford Essays in Jurisprudence. Oxford: Clarendon Press: 107-147.

Kruse V. 1939. The Right of Property. Federspeil P T Trans. Oxford: Oxford University Press.

Needham B. 2002. A theory of land prices when land is supplied publicly: the case of the Netherlands. Urban Studies, 29(5): 669-686.

Needham B. 2006. Planning, Law and Economics: An Investigation of the Rules We Make for Using Land. London: Routledge.

Needham B. 2014. Dutch Land-use Planning. Farnham: Ashgate Publishing.

Nunez Fernandez A R. 2012. Urban land management in CUBA. PhD. Dissertation of Radboud University Netherlands.

Zweigert K, Kötz H. 1992. Introduction to Comparative Law. 2nd ed. Wier T Trans. Oxford: Clarendon Press.

第二章　规划和土地利用管制在土地市场中的作用[①]

本章的主题是西方各国的国家机构如何利用土地管理体系来实现它们所要实现的土地利用（空间规划），其中包含利用市场与摒弃市场等不同组合方式。

第一节　公众期望的土地利用方式

在西方国家中，一般来说，国家机构和地方政府（如省、市等）对于其辖区内的土地利用是有期望的。这些期望包括：在城市发展中农业用地应该受到保护；洪涝易发区域不能进行土地开发；污染的工厂应该要远离住宅和学校；某些城市中心应当有所发展；某些地方应当建设一定数目的住宅；在 X 区域的发展过程中应该保护建筑遗产；城市内部及周边的交通活动应当快速便捷并且不应产生环境污染；Y 区域的大学的面积应当增加一倍；Z 区域中废弃的工业区可以再开发为高科技园。这样的政策目标是公开的。这些期望经常表现在土地利用规划（空间规划）上，而这些土地利用规划也表达了在特定区域内所需要的土地利用方式。

请注意，对于同一块土地如何使用，地方政府和中央政府的考量可能是不一致的。这完全是合乎情理和法律的。例如，中央政府可能想要发展某地的采矿业，而当地政府却未必愿意，出现这样的分歧就需要能够化解矛盾的机制。

另外，我们需要注意政府的意愿均围绕土地应当如何利用。而在本章所讨论的国家中，几乎没有关于土地应如何拥有的公共政策。在其他国家和地区，如拉丁美洲、古巴、印度，通常有或者曾经有关于土地所有权重分配的政策，这就是所谓的土地改革。本章不会详细讨论这个问题。但是有时土地所有权会对期望的

[①] Barrie Needham。

土地利用产生阻挠，这时公共机构的权力会影响土地所有权（如征收）来实现它的土地利用目标。这并不是针对土地所有权的政策，而是为了达到某一个土地利用的目标而造成的土地所有权的偶然的变化。

第二节　实现土地管理的方式

国家机构将通过一些工具（法律、金融、机构三者共同构成的土地管理制度——参考第一章）来实现其所需要的土地用途。

本章将对如下四种方式加以区分讨论：①利用公法规则规范土地市场；②利用私法规则构建土地市场；③积极参与土地市场；④排除或严格限制土地市场。

本节将逐个讨论这四种方式，但在实际中，这四种方式通常会组合使用。

在特定情况下，每个国家做出的选择都要基于各种考量，如上述这些方法的预期效果（是否能够实现预期的土地利用）、对于国家的预期成本和风险、方法的政治合法性（如在有些国家，征收是有政治争议的）。每一种选择都是基于现实和政治进行综合考虑的。

一、利用公法规则规范土地市场

公法规则无处不在，如建筑法规、环保法规和交通法规。但通常来说，对于特定的区域也有附加规则。这些公法规则适用于它们所管理的领域内的一切活动。这类规则可以通过一些具体例子说明：如区域 A 只能用作住宅房地产；区域 B 进行再开发时的建筑层高不能超过 X 米；区域 C 内每 100 平方米的建筑空间内必须提供一个街边停车位；D 区域内的建筑必须提供 B 户居民住处、Y 平方米的公园，以及 Z 平方米的社会设施，如学校和医疗中心等。

这些附加（区域特定）规则一般会在决定某一土地用途的土地利用规划中体现。

土地利用规划获得正式批准后，规划机构会说："接下来就该让市场发挥作用了。"但是这并不意味着"我们作为国家机关将不再参与"。市场运作所需的法律框架是由国家机关制定的，因此，国家必须确保市场遵守这些规则。

这就涉及对一些必要的公法的应用：对于一些特定类型的开发，只有在获得基本的许可（建筑许可证、规划许可证等）后才能开展建设。因此，如果有人想开发一块土地或者重建一座建筑，他必须要申请一些必需的许可。申请能否被批准必须置于相关规定中考虑（如建筑物条例、环境规范、噪声限制等，也包括土地利用规划中的相关条例）。如果申请符合相关规定，就会给予许可，否则不予批准。现实中，通常许可机关在适用最后一项规定时会有一定的灵活性。

这就是规划机构的全部职责：让"市场"（社会主体自愿运营）在这些规则条件下运行。有时，这被称作"被动规划"，原因显而易见，规划部门被动地坐等申请人来申请规划许可，如果无人申请，就没有变化。

被动规划存在于笔者所知的所有西方国家里。在实践中，它如何运用、产生怎样的实效皆取决于运用过程中的细节。例如，哪些建筑需要许可证；授予许可的灵活性；相关金融和财务规定，如许可证附带的财务要求；会不会造成/如何应对土地投机行为；是否提供/在什么条件下给予补偿；被动规划具体如何运作还取决于组织机构、非正式的实践经验，以及对法律规则的解读；等等。这些在国家与国家之间也存在很大的差异。

尽管被动规划对于国家机关的成本非常低（仅发生行政费用），但是它对土地所有者的经济利益有很大影响。如果土地利用规划发生变化，通过开发提升了价值，土地所有者则可享受价值的增长（开发收益）。反之，土地利用规划的变化，使得现有批复的土地利用所带来的价值，低于之前土地利用的价值，土地所有者就会遭受损失。这些财政影响也可能会产生其他后果。如果人们的预期是提升分区用途的规划，他们可能会臆测开发增值收益，导致土地价格太高，从而所预期的土地开发在财政上不可行；或者他们从市场囤积土地，希望土地价格能进一步增长。如果土地被降低分区用途的规划所造成的土地价值的降低在政治上不为人所接受，如果法律存在相关的补偿标准，国家机关就必须按照相关标准给予土地所有者经济补偿。

最纯粹的被动规划不会给运用它的国家机关带来任何收入。但这种形式也未必是一个问题，因为相应的该机构唯一的费用是行政成本。例如，以保护土地为目标的规划是为了保持现有土地用途不被改变。对于这类规划，国家机关仅仅只是对开发申请进行审批，许可或者不予许可。但是土地利用规划常常只能由国家机关进行制定，如交通基础设施、公园、学校、防洪和自然保护。此外，所规划的土地利用并不是依照法律的严格要求，而是出于社会需要，如社会保障房用地，或者良好的园林绿化等。如果被动规划不能为国家产生收入，那么这些成本就必须由纳税人来支付。这不仅在政治上难为人所接受，而且总会受到各种限制。此外，有这样一个强有力的理论：如果某区域进行了提升分区用途的规划（如农业用地重新分区为住宅用地），土地所有者将从土地开发中受益。那么，为何不让这些开发的受益人承担一部分再开发费用呢？

实践中存在大量利用被动规划为政府增加收入的做法。其中一种做法就是对规划许可附加条件，因此，申请人就必须要以经济或实物的形式投入一部分费用。包容性规划（inclusionary zoning）就是这样的一个例子：商品房开发商必须从房地产开发的利润里来支付和建造一些社会保障房。在英格兰和威尔士，这种做法很普遍，被称为"第106条款协议"。另一种做法就是与申请者谈判，如要求申请者对社区公园的建设做出一部分投入。

如果公法中规定"申请符合土地利用规划的，应授予许可"，那么规划机构在要求申请人投入费用的谈判中就会处于弱势地位。因此，规划机构一般要想方设法地提高自身的谈判地位。举例而言，规划机构首先会将某个商业开发价值大的区域规划为商业价值低的用途，使一般的开发商无利可图，如把一个有充分的高密度需求的区域规划为仅允许低密度利用。之后，规划机构再和开发商交涉，"我们可以为你更改规划，让你的开发项目盈利，但是前提是你必须先同意做出让步和一些贡献"。这种谈判虽然是在私法（合同法）下进行，并不涉及公法，但实际上是"处于（公）法的阴影内"。

创造性地利用被动规划可以避免一些财政方面的限制。还有一种内生于被动规划中的制约，即被动规划可以用来达到什么样的目的，这就不是那么容易就能解决的了。

举个例子，假设该规划包含土地所有者都不想申请的规划许可，如公园；或者假设一些土地所有者很满意现状，不想做出任何改变；再或假设投机者收购了一些土地，他们很有耐心地等待土地的升值。在这些情况中，什么都不会发生。如果国家规划机构认为规划所要实现的土地利用很重要，那么可能会考虑使用土地征用的方式。

或者假设国家机构想要以某种特定的方式使用土地，同时不能依靠公法对此做出规定。具体例子如荷兰，国家机构想要对一个新的购物中心的商店类别进行调整，以保证购物中心能实现综合利用；或者国家决定将要建设一个混合住宅区等。前者在荷兰的土地利用规划法中是不被允许的；直到最近，后者才为荷兰公法所允许。

抑或假设规划机构想让不同部分的规划方案按照特定的阶段来开发，如一期、二期和三期等，从而以最有效率的方式提供必要的基础设施。但是，开发商申请开发许可的顺序不是规划机构能决定的。

如果期望的土地利用目标只能通过协调改变许多土地的利用方式才能实现，就会出现一个更大的问题。例如，一个区域需要大规模的再开发，但土地所有权分散给了很多不同的所有者（如在城镇中心），或者区域首先需要进行泄洪或防洪（如在沼泽地上进行一个大的房地产开发），再或者建设一个大型线路基础设施时，需要穿越许多地块（如建设一个新的主排水系统，或者新的辅路）。在这种情况下，被动规划只有在土地所有者自愿合作并根据协议分摊费用和收益时，才能实现规划机构所期望的土地利用。由于这种情况出现的可能性很低，故很难发生改变（图2-1）。

1940年之前

1940年之后

现在

1. Mariënburg chapel
2. Marikenstreet
3. former arsenal building
4. Moenenstreet

图 2-1　通过打包土块的方式改变土地利用（荷兰奈梅亨中心地段）

资料来源：Needham（2014）

正是由于上述的被动规划的局限性，常常需要通过其他方式来实现期望的土地利用。

二、利用私法规则构建土地市场

笔者在"土地市场和产权结构"一章里面提到过，私法规则的框架是土地市场能否良好运作的前提。私法规则所调节管理的范围包括产权的内容和实践的诸多方面，产权如何登记、如何流转、如何保护等。

由此可见，土地市场总是由私法规则构建起来的。因此，私法规则影响了土地市场运行的形式及其成果。不同的法律产生了不同的市场，进而导致了不同的市场结果（不同的土地利用）。

有两个例子可以说明这一点。一个是关于租用商业地产的（私法）规则。在英格兰和威尔士，承租人可以转租房屋，使其享有了一部分房屋业主的利益，避免了租房的不利，租赁因此具有吸引力。然而在荷兰，租户不允许转租，所以租房不如买房有吸引力。于是，英格兰和威尔士的工业企业往往租赁土地。但在荷兰，在自有土地上经营形式则更普遍，这对土地利用产生了很重要的影响。如果把一块工业用地出租给多个企业，这一块工业用地的业主是整个产业的负责人，他负责工业区整体的维护和保值。如果工业区内每个企业都独自拥有产权，这样将没有一方能按照整体利益来维持园区的品质。英格兰和荷兰工业区的差异是很明显的，并且，这也使二者私法所构建的工业用地市场存在差异。

另外一个例子是关于在住宅用地上建立土地限制性契约的私法规则。美国就有这样的做法，而且非常普遍。开发商修建一处房地产，并在限制性契约下出售这些房屋。规则就是购房者必须要成为房主协会的成员，且购房者必须赋予该协会一定的权利以确保特定规则得到执行。例如，居民需要保持花园整洁，不得改变建筑用途，不得在房屋外面的街道上停车。此外，限制性契约是"附加于土地上的"：这意味着当第一任房主卖房子时，新的业主以及所有的后续业主均受限于相同的条件。在荷兰，法律不允许使用类似的限制性契约，这些制度差异带来了明显的（可以直接观察到的）现实区别。

由此可以得出，国家想要达到特定的土地利用目标，可以通过设计和引进合适的私法规则来实现。这意味着通过公法规则的任何可能附加规则都要具体情况具体分析，如想要达到什么期望。有时也许并不需要公法规则，有时也许需要私法规则来补充（参考下面关于开发权利的转让）。

土地市场的构建相比对市场的监管有很好的理由。其中一个原因可能是意识形态上的，即更偏向利用私法而非公法。最好的例子在美国的休斯顿市。从某种意义上来说，在那里并没有传统意义上的土地利用规划，即通过土地利用计划和对开发的控制，保证实际利用与规划相一致。相反，大多数开发是根据以上介绍的限制性契约来完成的。开发商出售的房屋产权受到现有的土地应该如何利用的限制（有些类似于一种私人的土地利用规划）；如果违反了这些限制，法律程序虽然烦琐，但能够保证这些限制的执行（Needham，2006）。

另外有一个更实际的原因，即所有费用由私有主体而非国家政府支付。例如，通过一种私有保护地役权（private conservation easement）来保护自然，由私人主体约定形成，对公众不产生成本。如果想要保护一个区域的自然风貌，而且公法也如此规定的，那么现有的土地利用方式就不能被改变。如果要改变土地利用方式就必须支付业主赔偿金，必要时甚至要征用土地。在美国，个人或者信托可以购买该土地的开发权，然后合法地"冻结"此权利，从而保护土地的自然风貌。

虽然我们承认应当优先构建而非监管土地市场有其合理性，但是我们也必须认识到一些特定的土地利用形式仅仅通过市场构建不能达到规划目的，通过对市场进行监管会更有成效。例如，高于地方一级的规划就不能仅仅通过构建土地市场来实现（Needham，2006）。

有时候，土地市场的构建和监管会并行实施。土地开发权的转让就是一个很好的例子。首先，通过公法规则，可决定其土地的开发权以及权利的大小，并且也可决定哪些地块能够行使这些权利。然后，利用私法规则，把权利从不使用土地的土地所有者手中出售给那些允许使用的人，即可促进市场的形成。这样做的目的是更均匀地分配土地开发所带来的资金收益（图 2-2）。

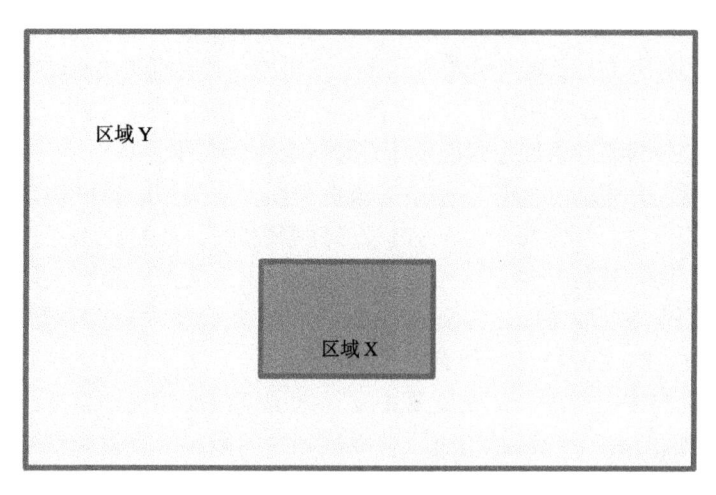

图 2-2　土地再整理的原则

公法规定：在 Y 区域的所有土地上，每公顷可修建 5 处住宅。当该规定仅在 X 区域执行时，在 X 区域，如果需要更多的开发面积，就需要从 Y 区域中的其他区域购买开发权

三、积极参与土地市场

在许多西方国家，国家机构本身可以在市场上交易土地和建筑物（买卖、出租和租赁），就像在同样条件下的私人法人一样。国家机构要遵守同样的私法规则和公法规则。

在市场交易中，原则上所有参与者自愿交易。因此，在私营部门和国家机构之间，市场交易价格与两个法人之间的交易是相同的，或者应当相同。但是，国家机构往往比私人更有实力，它们可以滥用公权力去压低价格，或者获得其他的一些优势。因此，当有国家机构在土地和建筑物市场参与交易时，除了用来监管私有法人的公法和私法外，还可能有附加的更多规则，以保护私人，防止公共机构的权力滥用（见第一章第五节中的"三、国家机构在市场上的交易"）。

在其他方面，国家机构和私人在同等条件下运行土地市场。有时出于同样原因，如为了自己的业务（市政厅、学校等）购置土地及建筑物。但是，当其目的是实现某种公共利益而在土地市场运营时，如为了实现大规模再开发，它的实际操作与私人主体不同：公共机构是为了试图实现一个公共目标，它的融资和财政的动因不是商业性质的，所以结果也会有所不同。归根结底，这也是公共行为的原因。

国家机构在市场上获得土地或其他产权是为了实现一些特定的、一般私人机构不会参与的土地利用目标，或者是为其创造必要的资金条件。但政府机构并不总是亲自开发，它可以自己开发，也可以在合法的（私法的）能保障开发符合政府期望的条件下将土地转让给另一个公共或者私有的机构实施。例如，英国的市政当局通常的做法是自己获得用于保障住房的土地，然后建造市政保障房（council housing）。不同的是，在荷兰，市政当局先购买保障房用地，然后将其出售给半私有的住房协会，由住房协会负责修建住房。为了降低保障房的供应成本，政府卖给住房协会的土地售价十分低廉，条件是只能用于建设社会保障住房。

类似荷兰是否成功实现期望中的土地利用，取决于国家机构获得必需土地的条件。具体而言，当获得土地的方式友好而顺利时，政府应当支付怎样的价格？政府能否以便宜的价格早早地（远早于其需求出现之前）拿到土地？政府是否只能通过施加土地征收（land expropriation）的威胁才能"友好顺利"地获得土地？如果是这样，这对价格又有什么样的影响？

国家机构在土地市场活跃交易主要是为了克服被动规划自身的局限。

被动规划的一个限制是资金：被动规划并不能为国家机构带来任何收入，收入对于实现部分规划却可能是必要的。如果在一个规划区域，新的土地利用将有比目前土地更高的价值（例如，农业用地开发为住宅，或者工业用地再开发为办公用地），就会存在开发收益。那么，谁会从中获利呢？相比于被动规划，如果国家能够获得规划区域的（一部分）土地，或者可以以低于土地新用途价值的价格来获取土地（如目前的利用价值），在更改得到许可的土地用途后，国家本身可以实现开发收益。国家既可以自己开发，也可以以新的价格将土地出售给其他开发商来完成开发。

国家机构所能获取的利润大小取决于许多因素：需要支付的土地价格、新的开发内容（如土地中高价值用途的比例高低）、用以获取土地的贷款利息等。但在所有案例中，利润可以用于支付基础设施工程、土地上的公共设施，如学校、保障房，或者用于高品质的公共空间等。另外，利润也可以作为国家机构一般性收入的来源，或者支付规划区域外的设施（如剧院、公交车站、游泳池）。如果国家机构购买开发用地，就会有助于排除或者平息那些严重阻碍发展的土地投机活动。

国家机构在市场上购买或者出售土地可以避免被动规划的另一局限性，即仅依靠被动规划无法实现的功能可以通过国家的积极行为达到国家期许的目标。例如，一些特定的土地利用无法通过被动规划的法律规定来实现。如果土地为国家机构所有，可以在私法合同中反映这些意愿，出让给新的买家并规范他们的使用方式。或者新的土地利用需求必须通过协调和调整所有权不同的多个地块才能实现，而仅通过被动规划无法完成这样的目标。如果国家机构成为所有相关土地的拥有者，它可以通过对原地块边界的调整来协调几个地块新的开发（图 2-3）。同样，如果国家机构想要按照特定的顺序来开发规划中的不同部分，它可以利用作为土地所有者的权利来决定何时开发哪个地块。此外，如果原来土地所有者不想按照政府的期望更改土地用途（如保障性住房用地、建造公园），那么国家机构可以获得相关土地并决定它们的理想用途。

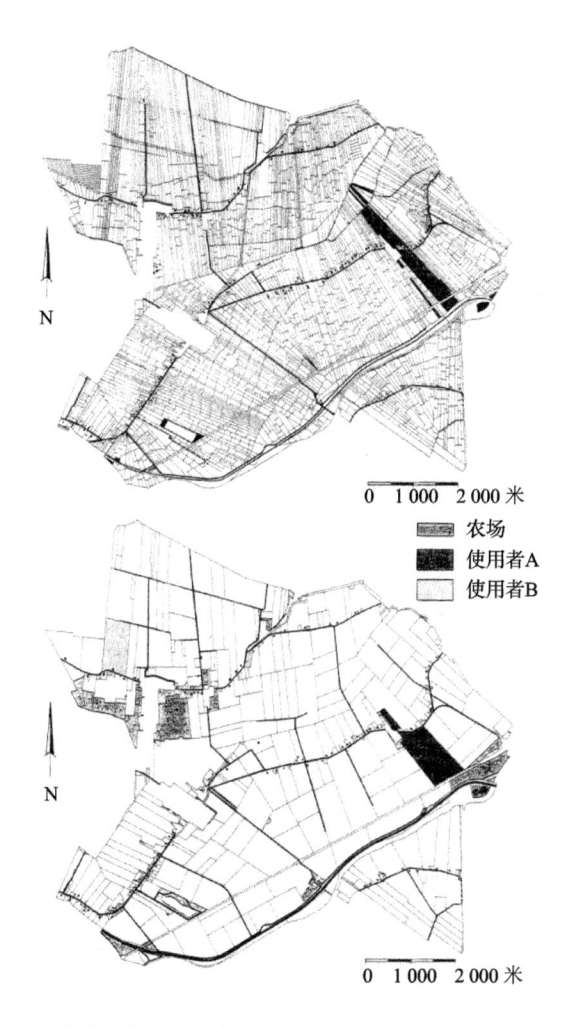

图 2-3　通过打包地块的方式改变土地利用（荷兰农村地区）
资料来源：Needham（2014）

像任何其他（私有）法人一样，政府机构在土地市场上活跃交易是一些西方国家非常普遍的现象。在英国，一些城市设立城市发展公司，对破败的城市区域进行大规模再开发。城市发展公司和商业开发商建立了亲密的公/私合作关系，购买和销售土地。最出名的案例在伦敦的达克兰。在法国，经常见到以类似目的设立的混合企业组织。另外，在荷兰，直到1994年左右，最常见的建筑开发方式是在由市政府提供具有公共设施的土地上进行建设。首先，市政府友好地获取开发价值较低的没有公共服务设施的土地；其次，为其提供公用设施；最后，再将该土地以完全市场价格卖给商业或者半商业的开发商。这种形式的案例在荷兰虽然已经不再常见，但是市政府依然在土地市场活跃，现在主要体现为与商业开发商的密切合作（Needham，2014）。

英格兰和威尔士的类似实践有一种特别的土地开发版本，适用于不少新城区的开发。国家政府设立一个新城区开发公司，开发公司获得授权强制性地以现有使用价值（通常是农业用地价值）取得所需土地，这在市场上是不友好的征地。但是当开发公司完成收购土地并为其提供公共服务设施后，它就像其他市场参与者一样，把土地卖给开发商。

在此值得提及的是，国家利用其公权力在土地市场上积极交易有两种特别的方式。

一种方式是土地银行。国家机构在进行土地开发之前早早地获得了土地，并在土地适合开发的时候放出土地。国家这样做有很多原因，它以低价获得土地，且价格一定总是低于土地的"成熟开发价格"。这就确保政府在想要进行土地开发时有可用的土地，并且，该方式排除了潜在的具有破坏性的土地投机买卖。

考虑到其对国家机构形成的财务风险，土地银行并不经常被运用。因为国家在购置土地时借的钱只有在土地出售或用其他方式处置的时候才能够偿还，而利息费用在此期间会不断增加。国家机构希望通过土地价值的增加（土地开发收益或者土地价格的正常增长）来覆盖这些费用。但是如果土地很久以后才被开发或者其出售价格低于预期，国家就会遭受经济损失。

另一种方式是公共土地租赁。国家机构出售的不是完整的土地所有权，而是土地上的长期（建设）租赁权。这在私法框架下是完全可行的，国家采用这样的方式出于三个原因：一是租赁比公法的法律规定能更具体细致地对土地利用进行要求和管理。例如，荷兰很难通过法律杜绝"红灯区"的出现，但是可以通过土地租赁有效地禁止这种利用方式。二是租赁能使国家在一段较长的时间内对土地的具体利用进行有效管理。例如，如果国家机构出售土地的全部所有权，新的土地所有者会决定土地的后续使用。尽管国家机构可能仍有很多公法规则来管理和规范土地所有者的决策，如通过土地利用规划、建筑法规、环境法规等，但是法律规定对于某些方面管控效果有限，如房地产的良好维护，而这一类要求可以通过土地租赁的条款兑现。三是资金。国家机构可以通过出售土地全部所有权或租赁权转移土地。价格是在土地处置时决定的，并且土地所有权的拍卖价格和长期土地（建设）租赁权的价格是一样的。然而随着时间推移，通货膨胀、新的基础设施及社区街道的中产阶级化等会使土地的价值不断上涨。如果国家机构出售的是所有权，业主就会拥有土地增值的收益。而如果国家仅出售了房屋租赁权，并且租赁条款中包含修改条款的权利，国家就可以享有增加的土地价值，这种做法是否有正当性是另一回事（Needham，2003）。这样一来，公共租赁也可以成为国家一般性收入的一个来源。

公共土地租赁的成功取决于（私法）土地租约中双方同意的条件。具体而言，除土地利用规划中涉及的内容外，出租方可不可以在土地用途变更方面提出条件呢？举个例子，假设承租方要对办公用地进行再开发，在保持办公用地属性的基础上提高使用密度。这在土地利用规划中是允许的，土地租约的价值也将随之提升，谁应该享有土地的增值收益呢，是出租人还是承租人？政府在公共土地租赁中可以约定土地租约增值收益属于出租方，其他可以在土地租约中控制的条件包括：租金如何定价，多长时间可以调整；租金在其他情况下（如土地原有利用密度的提高或用途变更）是否也可以调整；出租方对于第一个承租人的转租有没有干涉的权利；能不能禁止转租；能否指定转租的人选；出租方能否要求租赁增加的（一部分）价值。土地租赁的"二级市场"必然会出现，相应的规则也能够在土地租赁的约定中包含和体现。最后，土地租赁契约是有限期的：契约到期后会发生什么？最后一个承租人的权利是什么？租赁续期的价格怎么确定？

国际上在公有土地租赁方面有很多经验（Bourassa and Hong，2003）。例如，在荷兰的阿姆斯特丹，市政府拥有的土地所占百分比达到80%，海牙的这一比例则达到65%。这些土地中的大部分由市政府通过土地租赁契约出租给私人使用。类似国际经验暴露出公有土地租赁的一个严重弱点，即在租赁到期时承租人在租赁续期的协商过程中产生的争议。承租人会将自己的权利和拥有完全所有权的业主相比，质疑为何自己要突然为土地的使用支付更多租金，并据此反对新的租约和租金。

四、排除或严格限制土地市场

大多数西方国家倾向于通过构建、监管和调控等市场运作方式实现土地管理。但是，通过土地市场自发调节有时候并不能实现国家机构对特定位置土地利用的规划，或者需要经历漫长的拖延，或者尽力避免土地投机的破坏性结果。没有私人部门想要以上述情形实现土地规划。如果无法以较为友好的方式获得土地，国家机构还有三种其他选择。

第一个选择是强制购买，或者说征用。原则上很简单。土地所有者被要求将所有权移交给国家,同时也获得相应补偿。许多西方国家在过去几个世纪都有这种实践。土地征用最初是为了修筑公路、铁路、运河、水资源保护设施和军事防御工程,近100年来也可能出于清除贫民窟或公共健康方面的考虑。再后来出现了诸如大型综合再开发等为实现土地其他用途而进行征用的案例,这种类型的土地征用也引发了一些争议。例如,Kelo和City of New London一案(Jacobs and Bassett,2010)。

在了解土地征用的运作方式后,正如"细节决定成败"这句话所言,土地征用的细节在于国家立法和判例。其中最重要的关注点是土地被征用的可能用途,征用在何种条件下被允许,以及补偿金额的多少。此外,对于某些国家来说,土地征用是一个政治敏感问题,应当尽一切可能避免。

用于排除和严格限制土地市场的第二种方法是强制性的土地再整理。如果国家想要实现土地利用模式的根本性改变,而土地所有者又不能通过协商合作来实现这一变化(即没有可行的市场解决方案),则国家机构可以尝试以相对友好的方式收购土地来实现再开发目标(如在土地市场上交易)。但是,收购可能需要付出巨大代价,公共机构会承担巨大的财务风险,土地所有者也可能拒绝卖出土地。如果土地所有者拒绝出卖,国家可以尝试通过强制收购来实现规划目标。但是这同样十分昂贵,并且具有极高的财务风险,同时也可能由于烦琐的司法程序而花费较长时间,并且会使特定土地的所有者站在政府的对立面。

相较而言,土地再整理可成为政府的另一个选择。此时,公共机构可对规划区内的土地所有者公告:"我们会建立并运行一个组织,你们可以暂时将土地所有权无偿转移到这里。在与你协商的前提下,这个机构将在重新调整土地所有权的边界、建设新的基础设施等之后,返还给你具有新边界的土地。你得到的土地可能比你提供的少,但是新的土地具有更高的价值。如果你没有自发地将土地产权转移到这个土地统筹机构,我们将会迫使你这样做(但你也会得到相应补偿)。"与强制收购的方式相比,土地再整理的优势在于现有的土地所有者会持续参与其中(如果他们愿意的话),公共机构的财务风险也较低。

土地再整理在许多国家都已有所实践。例如,直到最近,荷兰的农业用地开发常常运用这种方法(图2-4)。在德国和以色列,利用土地再整理对新居住区的开发也很常见。在英国,没有一般性的实施土地再整理的权力机关,议会通过一些具体法案实施土地再整理(如圈地运动)。大量国际案例在Hong和Needham(2007)里面有所提及。

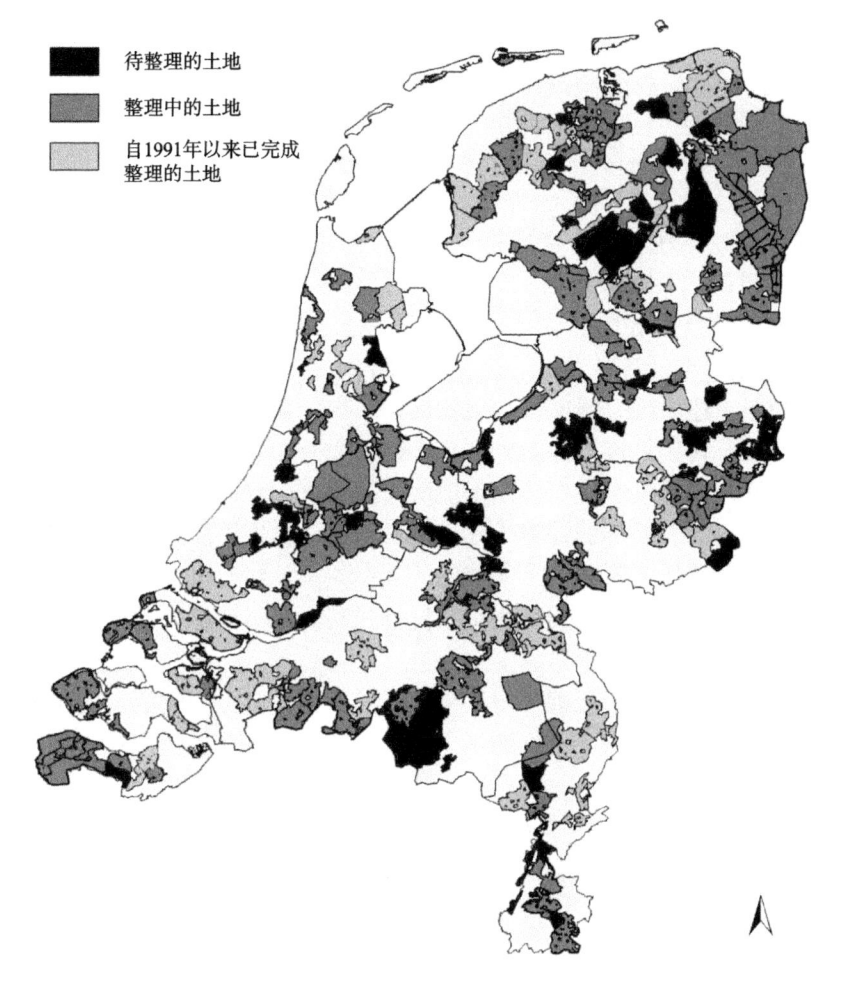

图 2-4　1991 年来荷兰某地区农业土地再整理区域

资料来源：Needham（2014）

排除或者严格限制土地市场的第三种方法是国家优先认购。优先认购的操作步骤如下。

指定区域内的业主会被告知："如果你想出售你的土地，首先必须将其出售给国家；只有当国家不想购买这块土地时，你才可以在市场上出售。"显然，法律必须事先明确国家优先收购价的最低标准，将其作为优先购买权的补充规定。否则，国家会对土地所有者说："是的，我想买它"，然后强迫所有者接受一个非常低的价格。在荷兰，如果国家想要收购土地，它提供的价格至少要与土地征用价格大致相同。

这一规则的目的是避免一些土地所有者为了获得远高于国家补偿价的价格

卖给商业开发者而囤地惜售，导致时间上的延误。对此有必要说明国家补偿价是如何确定的。一般的原则是国家的征地补偿价格由新的土地利用的价值决定。但是新的土地利用的价值如何厘定？假设有一块土地被规划用于建设购物中心，它在未来将会有很高的价值，但这必须以建设配套基础设施为前提。因此，这块土地的征用赔偿数额将是新的土地利用的价值减去配套基础设施的建设费用。现在假设该土地的所有者想将土地出售给一个开发商，而该开发商在国家建设了基础设施之后才申请开发许可。这样建设基础设施所投入的费用不会从新的土地使用价值中扣除。因此，开发商愿意支付给原土地所有人比国家补偿价更高的价格。

正是由于上述原因，国家机构会就优先认购一事这样说："土地所有者单独开发土地需要申请规划许可。如果你可以依照规划进行土地开发，你将获得许可。但是，说实话，你并没有独自开发土地所需的知识、专业技能和资本，因而很难达到许可要求。没有我们的许可，你也无法将土地出售给商业开发商（这些开发商有知识、专业技能和资金）。如果你什么都不做，我们将会强制收购土地。而如果你自愿将土地出售给我们，相对于抵抗强制购买的情形来说，我们会以更快的速度支付给你强制购买价格。"

荷兰和法国存在类似规则，但英格兰和威尔士没有。在荷兰，这种规则经常被用于大规模开发的区域。优先购买令通常在它生效之前进行公示，确保优先购买令能发挥它的作用。

第三节　实践中的不同组合

西方国家通常会通过上述多种形式利用土地管理规则来影响土地的利用模式。

我们默认所有国家都采纳某种被动规划（实际确实如此），总是有这样的规则"没有许可证就不能建设"，对这条规则的补充是"许可证的申请必须符合土地利用规划的标准"，并且，土地市场上常常存在政府作为市场主体积极参与的市场性行为，并且，国家有可能动用某种土地征用权，作为当其他调控手段全部失效时的最后救济。即便出现这种情形，政府有时也可能决定接受"失败"。换言之，当征收失去了意识形态上的正当性，国家应当放弃它的土地利用诉求。国家很少会修改有关土地市场改革、土地再开发和土地优先认购的私法规则。

被动规划、参与土地市场和强制认购——这三种方式通常被综合用于同一个规划区域。一般来说，总是存在某种形式的被动规划。一方面，会有一个土地利用规划（在一些国家，土地利用规划覆盖了全部的国土面积），与之而来的有关程序的保障施行，如开发许可、土地开发申请需要符合土地利用规划的要求。如果土地利用规划的目标是用地保护（仅允许有限的土地利用改变），那么国家机构就不会积极参与土地市场，强制认购只有在绝对必要的时候动用，以防止造成不利改变。另一方面，如果土地利用规划旨在实现大规模改变，为了推动土地利用的改变，国家机构可能要考虑在土地市场中发挥积极的作用。即便如此，国家机构仍旧要制定土地利用规划，以规范自身和其他主体在市场中的行为。不难看出，这类方式比起意识形态的影响更多地是以实用性为基础和进行考量的。然而，如果国家主体并未被赋予必要的权力（或者经费）来有效实现预期的土地用途，或者出于政治、意识形态等方面的原因，国家不希望动用那些权力，政府就会得出如下结论："土地某些预期的用途无法实现，因此我们要修改土地规划。"

第四节　土地管理系统的案例研究

一、利用土地管理系统指导城市发展

笔者将举例说明土地管理系统在现实中如何运作。下文中的两个案例介绍了两个不同的国家如何利用土地管理系统来指导城市发展的空间分布。

早在1938年，英国政府就通过了《绿带（伦敦和周边各郡）法案》。这赋予了英格兰东南部地方政府收购土地并将其对公众开放成为绿带的权力。该法案的一个重要特点是规定地方政府在没有国务大臣的许可下，不得出售通过"绿带法案"购得的土地。"绿带法案"也包含了土地被纳入绿带的土地所有者的相关约定，政府可以通过支付补偿金或其他方式对其进行补偿。1947年颁布的"城乡规划法"，把"绿带规定"扩展到英格兰的所有地区，并且正式明确了绿带的定义和范围。在绿带范围内，不得颁发用于其他规划建设的许可。

但值得注意的是，规划许可首先是由地方政府自身对外颁发授予的（虽然如果中央政府认为某个规划决定涉及国家层面，中央政府可以收回地方政府颁发的规划许可，做出自己的决策）。在英格兰东南部以外，许多地方政府并非全力支持"绿带计划"，因为它们需要同时兼顾人口与就业增长。于是它们颁发了许多与"绿带计划"等控制城市发展规模的政策相悖的规划建设许可，而中央政府也无法从根本上遏制这种行为。

与之相反，英格兰东南部的地方政府着实想要控制城市规模。当地居民希望社区保持本来面貌（不增长的社区），他们对任何新建设的迹象都持强烈反对态

度（全国范围内的"保护英格兰的乡村"运动声势浩大）。当地政府尊重这种愿望，并通过制定相关规划、拒绝新建项目申请等较为简单的方式去实现城市零增长的目标。因此，"绿带政策"在英格兰东南部取得了成功。直到20世纪80年代，中央政府改变原有的政策方针，政府希望在现有的城市边界外进行新的建设。但是，地方百姓和地方官员仍旧不支持这样的政策。中央政府又不愿意积极介入，于是"绿带法案"一直得以延续。其后果就是今天的英格兰东南部的大规模住房短缺和房价的高涨（剑桥就是一个典型的例子）。

英格兰尝试引导城市增长的案例的启示是，地方机构和国家机构明确的职责分工在土地管理和土地利用规划中至关重要。

另一个积极尝试引导城市增长的国家是荷兰。几十年来，荷兰对国家的经济中心保留的空旷地带限制开发，即绿色心脏地带的发展建设，一直是中央政府的政策。然而在1992年之前，该地带的人口和工作地点的实际增长都快于全国水平（Needham，2014）。原因在于地方规划机构的确以城市增长作为发展导向，并批准了必要的开发许可，而中央政府没有对此进行积极有效的干预。

针对这一问题，中央政府在1995~2005年的城市化政策中改变一贯策略。新的措施是中央政府与地方政府一同商定政策细节。双方达成一致的政策规定哪些地方不能开发，哪些地方能够开发，以及开发的具体规模（如能充分满足未来需求）。中央政府通过提供配套基础设施建设的财政补贴来推进新政，地方政府则购入所需的发展用地，或同相关土地所有者和土地发展商达成协议。

这种做法相当成功，也再次说明了地方政府和中央政府在土地管理及土地利用规划方面进行职责分工的重要性。

二、土地管理系统的熟练运用

为了更加具体地阐释以上关于如何运用土地管理系统来实现土地利用规划目标的讨论，我们用三个例子尽可能详尽地说明土地管理系统是如何被巧妙运用的，也将分析这三个案例对其他实践经验的借鉴意义（Muňoz，2010）。

第一个案例来自西班牙，即有名的瓦伦西亚系统。名称的由来是因为这一土地管理系统起源于瓦伦西亚，后来传播到其他"自治区"。瓦伦西亚系统的特点是多方协作实现城市的更新。

多年以来，在整合区域内众多需要开发或再开发的地块方面一直存在问题，所有者无法就此达成共识或合作。针对自发的土地再开发有过立法，但是整个过程推进十分缓慢。还有一些"钉子户"，也就是故意延迟或拒绝参与土地再开发进程，以期获得更大利益的所有者。此外，外部投机行为也时有发生，令资产价值上涨，导致土地开发方案最终只有在房价较高而基础设施质量较差的情形下才有可能实现。而基础设施及其他公共设施的成本分摊和利润分配程序烦琐而模糊。另外一种方法是土地征用。但是土地征用需要付出的赔偿包含了部分土地新用途的价值，这危及财务的可行性和项目的最终质量。最终结果就是类似的开发项目需要花费大量时间，成本和收益的划分不尽如人意，项目的完成质量也很低。

针对这一情况，1994年西班牙政府采取设置独立的"城市化代理人"制度。任何人，无论来自政府或民间，无论在项目区域是否拥有土地，都可以申请担当代理人。候选人需要进行投标，对外介绍自己的土地重新分配方案及土地开发预算。市政府决定最合适的投标者。土地产权所有者可以选择将土地出售给城市化代理人，自发参与到土地开发的合作进程中来，也可以选择等待土地征用。尽管"瓦伦西亚系统"存在一些法律挑战，但它目前已被广泛应用，而且效果积极，整个进程不仅更快，基础设施质量也更高，同时提供了更多保障性住房。

第二个案例来自荷兰，市政府积极参与大型开发项目的建设。

在第二次世界大战结束到1994年间，荷兰这种做法被称为积极的城市土地政策。市政府事先以较温和的方式和低于土地未来使用价值的价格收购用于城市发展的土地。之后市政府依据土地利用详细规划对土地进行开发，使之适合进一步建设（通常先需要排水）。整个过程涵盖修筑道路、排水系统、露天场所、运动场、自行车道等。上述工作完成后，即将被建设的土地（住房、商场、工业、学校、医院等）被分成独立的建筑地点，出售给建筑开发商。建筑地点的出售并非全部是商业化的，也有半公共的住房协会、独立的教育信托和医疗服务提供机构。这种做法受到大多数商业开发商的认同，尽管法律并未赋予市政府垄断城市发展用地收购进程的权力。开发商接受政府这样做，是因为他们可以在不承担财务风险的情况下获得已经建有基础设施的建筑用地，而预期的土地一级开发利润并不高，也在于当时几乎没有开发商有能力在潮湿土壤条件下进行如此大尺度的土地整理（land readjustment）和开发。四十多年来，荷兰大多数建筑物都被建造在以上述方式从市政府获得的土地上。

当市场条件出现变化，预期的土地开发利润升高时，市政府的土地收购就变得不那么容易了。原土地所有者想要在（更高的）开发利益中分一杯羹，于是他们将土地出售给地产开发商而非市政府。地产开发商可以更迅速地向所有者支付更高的价格。然而，地产开发商不愿直接开发从原土地所有者处收购来的土地，因为这些土地往往是零碎的，且没有配套的基础设施建设，导致直接开发利润不高。开发商需要某种形式的土地再整理，但是他们自身无法做出这种安排。因此，他们需要同市政府合作，以实现完整的土地开发、综合的发展建设和高质量的基础设施。由此形成了三种市政府和开发商的共同合作模式。

第一种模式，开发商将收购来的土地以低于支付价格的金额卖给市政府。作为回报，他们获得政府（合同的）承诺可以得到一定规模的已经完成整合工作且铺设了完善基础设施的土地。同时，他们还被承诺可以在土地上建设一定数量的住宅。市政府将土地开发项目涉及的地块集中起来（必要时采用强制购买或优先购买措施），进行重新整合，建设配套基础设施，然后按照事先约定出售给开发商。第二种模式，市政府与经过筛选的开发商成立一个私有土地开发公司。公共部门和私有部门的主体按照各自提供的土地份额持有公司股份。双方签订合同约定不同主体的职责任务，已配备公共设施的土地如何分配，地块上允许的开发建设行为，等等。土地开发公司重新整合地块、建设基础设施，并将整理后的建筑用地出售给开发商。该模式的实践案例，见图 2-5。第三种模式，一个或几个开发商在取得开发项目的全部土地之后，完成全部土地整理、基础设施配套和建筑开发工作。尽管市政府本身并没有参与其中，但它参与协调几个开发商之间的紧密合作，双方通过签订合同就项目新址的选择、项目开发内容、实施方式和程序步骤达成共识。公共设施（道路、基础设施、公共空间等）在项目完成后被无偿移交给市政府或公共事业公司。

（a）市政府开发的土地　　　（b）土地开发公司开发的土地

图 2-5　大项目实现共同合作开发——荷兰奈梅亨的例子

资料来源：Needham（2014）

第三个案例来自英国。市政府往往想要取得城市更新的增值收益，以便利用这种收益提升项目的完成质量。一般来说，城市更新会提升开发项目范围内全部或至少一部分地块的价值，而公众则希望利用土地增值部分支付本身不盈利的土地利用，如基础设施和社会保障性住房。

我们应该注意到，自 1947 年起，英国土地开发权属于国家而非土地所有者。因此，潜在的土地开发者必须要向国家机构申请批准才能行使土地开发权力。即使申请的开发项目符合土地利用规划，国家也没有必然的法律义务授予私人该土地的开发权（土地利用规划不具有"法律约束力"）。因此，国家机构可以在颁布许可的过程中提出各种附加条件，包括金钱贡献或实在贡献（第106条款协议）。然而，如果开发商不得不以高价取得城市更新区的土地，相应的剩余开发收益就会减少。因此，市政府希望开发商能够以相对便宜的价格收购土地，这可以通过剥夺土地所有者在议价过程中的优势地位来实现。实际上，市政府不希望原有土地所有者获得可能的开发收益，更愿意让开发商保有一部分必需的收益，然后从开发商的口袋中以贡献公共设施的形式收取一部分收益。因此，城市政府仅仅制定指示性的土地利用规划而不明确开发和建设的具体内容和要求。这样保证了土地价格保持在较低的水平。在开发商向政府提出申请后，双方就金钱或实物收益分配等进行协商并签订合同。只有在开发商和政府达成明确共识之后，政府才会颁发（具有法律效力的）土地开发许可。

参 考 文 献

Bourassa S C, Hong Y H. 2003. Leasing Public Land: Policy Debates and International Experiences. Cambridge: Lincoln Institute of Land Policy.

Hong Y H, Needham B. 2007. Analyzing Land Readjustment: Economics, Law and Collective Action. Cambridge: Lincoln Institute of Land Policy.

Jacobs H M, Bassett E M. 2010. After Kelo: Political Rhetoric and Policy Responses. Cambridge: Lincoln Institute of Land Policy.

Muňoz D. 2010. Capturing Value Increase in Urban Redevelopment. Leiden: Sidestone Press.

Needham B. 2003. One hundred years of public land leasing in the Netherlands//Bourassa S C, Hong Y-H. Leasing Public Land: Policy Debates and International Experiences. Cambridge: Lincoln Institute of Land Policy: 61-82.

Needham B. 2006. Planning, Law and Economics. London: Routledge.

Needham B. 2014. Dutch Land-use Planning. Farnham: Ashgate.

Needham B, Faludi A. 1999. Dutch growth management in a changing market. Planning Practice and Research, 14（4）: 481-491.

Needham B, Kam G. 2000. Land for Social Housing. Hilversum: Comité Européen de Coördination de l'Habitat Social, also Published in a French Version and a German Version.

第三章　土地征收法律与政策剖析[1]
——中国可以从经济发达国家中学习的经验

世界各国政府都可以基于公共利益的需要依法对土地和建筑物进行征收，只是各国对"公共利益"的定义有所不同。尽管各国的土地征收法律存在一些共同点，但是其形式、结构及表现方式仍多种多样。无论是将土地征收作为一种常规手段，还是当作其他手段失效时最后的寻求手段之一，各国在实践中对这一手段（相当极端的）所使用的频率也具有显著差异。

本章旨在向中国的决策者展示一套可用于设计中国土地征收法律的概念。本章从众多西方国家中选取了一些例子，这些例子证明在土地征收法方面没有任何一个国家具有"最佳实践"，不存在"万全之策"。对于公平、公正的征收有一个广泛的法律和道德概念，不同国家及其立法和司法系统也都采用这一概念。

本章首先介绍征收的定义以及相关术语的使用情况。其次，讲述中国城市发展背景的属性及其对适当的征收权力影响的理解。其中一些属性是全球独一无二的，因此适用于中国的土地征收法律可能也很特别。本章的核心是提供一系列维度，这些维度可以帮助决策者和立法者设计征收法的替代方法。本章将这些维度一一列出，并逐一讨论其基本原理、含义及对中国的适用性。通过比较研究所选西方国家提供的一些案例来丰富这些讨论。当然，在本章中不可能包含土地征收法律和政策相关的所有维度，仅关注那些笔者认为在中国最具有争议或者最重要的维度。

第一节　土地征收的定义

土地征收是一个法律程序，允许特定的政府机构（有时也可以是非政府机构）基于公共目的强制将产权从一个或多个土地持有者（所有者、承租人、习惯意义上的使用者等）手中转移到政府或者指定的非政府机构。原来的土地持有者可能

---

[1] Rachelle Alterman。

直接，也可能不直接从土地征收过程中获益。作为一个法律程序，土地征收应当有别于财产没收（confiscation of property）（如没收非法持有物品），当然也应当与公众和私人机构非法侵占土地的行为区别开来。土地征收还应当有别于"土地国有化"及"土地改革"（Alterman，2012）。通常，在土地征收过程中，现存的土地所有制基本保持完好，只有局部或特定类型的土地出于某些公共理由的特定需求而被征收。

由于土地和建筑物特殊的经济、政治和社会文化角色，不动产的征收通常是一个特别敏感而有争议的问题。无论其具体的形式如何，土地征收涵盖了法律和公共政策概念之间固有的两个矛盾：一个是产权的法律保护；另一个是政府保护和提升公共利益的义务。

国际上所使用的术语不尽相同。在英语和拉丁系语言中，征收最为常用，但其他术语在英语中的使用也很普遍。在大部分受英国影响的国家中，这一程序被称为强制性购买（compulsory purchase 或 compulsory acquisition），但是加拿大使用"征收"。在美国，土地征收被称为强制征用（eminent domain 或 taking）。美国人也将这种做法严肃地称为"condemnation"或"confiscation"①（甚至在美国法庭上也使用这个术语）。他们显然是没有意识到"condemnation"具有明显的贬义（暗示刑事处罚）。无论使用什么术语，征地通常都存在巨大争议，并造成严重的法律、社会经济和政治紧张局势。不仅在发展中国家如此，经济发达的国家甚至土地征收法律相对健全的国家亦是如此，见图3-1。

图 3-1　美国、加拿大和英国对征地的抗议

---

① condemnation 有废黜、报废之意，confiscation 有没收、收缴之意。

第二节　中国土地征收法律和政策的独特属性

当前中国政府和许多公民对土地征收法所表现出的兴趣比许多国家都更为强烈。这里指的是来自中国自身内部的兴趣，有别于许多发展中国家中对征地和拆迁问题的兴趣主要来自于外部机构。当今中国对征地法规高涨的兴趣反映在五个方面，这五个方面相互作用，都是中国所特有的：①高速的城市化；②快速提高的生活水平和不断壮大的城市中产阶级的出现；③旨在阻止大规模非正式"棚户区"的城市政策；④农村和城市土地制度在法律、经济和人口统计方面异常尖锐的分歧；⑤法治和善政方面陡峭的"经验学习曲线"。

尽管最近中国的经济增长速度有所放缓，但仍然是世界上经济增长最快的国家之一。这与中国惊人的城市化速度和规模密不可分（Wu, 2015），这一过程令许多国家的决策者敬畏。这是本章要谈的影响土地征收法律和政策的第一个方面。城市化引起的对于土地的健康需求不仅体现在商业发展上，也体现在对于多种类型和规模的公共和准公共服务上。

第二个方面是中国快速提高的生活标准。中国的公民期望（从政府或开发商那里）获得一个日益完善的公共基础设施——经济发达国家在这一进程中也具有这样一个特征。这意味着短期内及未来许多年内都将会存在对更多更好的公共和准公共服务的需求。前些年乃至15~20年前发展的地区面临着升级，这批大量建设空间升级的需求已经成为现实。在土地用于经济发展的同时，公众期待新建或扩建公共基础设施、绿色和环保的空间，以及教育、社会和文化建筑。所有这些需求都需要有更多的土地。那么，在必要时这些需求可以通过土地征收权来获得吗？

在大多数情况下，中国的城市化政策比其他大部分发展中国家都更为有序，这是决定中国在发展中国家中自成一类的第三个方面。中国的大多数城市不存在大量的棚户区聚集的地区（也称为贫民窟和"非正式"或"不正规"的定居点）。在许多发展中国家，这些地区比正规的城市地区的人口更为稠密。这样的贫民窟不仅在贫穷的非洲和亚洲国家非常典型，而且在许多南美国家，包括巴西，甚至在墨西哥［经济合作与发展组织（以下简称经合组织）的成员］都非常典型。尽管中国的城市化进程非常快，但它避免了这种大规模的棚户区的出现，中国的决策者应该为此感到自豪。将棚户区与土地征收相联系，主要是因为不正规的定居点公共服务通常存在严重不足。但在中国情况并非如此。要想促进有序发展就需要整理大量的土地用于发展规划，并确保有充足的可以用于"公共目的"的开发用地。

第四个方面是中国独特的城乡分割的二元土地所有制及决策过程（Li, 2012）。这与满足国家需求的合适的土地征收法的设计高度相关。中国许多城市化用地目前或曾经是农业用地。农地属于村庄集体所有，村庄与农户之间存在特殊的法律和政治关系。由于农地是村庄集体所有而不是农户个体所有，并且法律对农地的用途进行了限制，故中国没有可以让开发商或当地政府以市场为基础对个体土地所有者的土地进行购买的市场机制。然而，类似的市场化的交易过程是许多国家获得城市发展用地的主要方式。土地征收（在某些法律制度的某些情况下）可能违背那些拒绝出售土地的人的意愿。相比之下，中国政府（主要是地方政府）负责获取新的城市发展用地并有权通过土地招标、拍卖或其他类似的方式出让土地。大部分用于加速城市化进程的土地储备（land banking）由于农村的土地制度而被限制。因此中国的政府机构急需一个土地征收法将农村土地按照理想的位置、规模和时机转变为城市用地。

值得一提的是，城乡分割的二元土地所有制结构限制了政府获取土地并将其合法化的能力。"小产权房"在包括主要大城市在内的中国的许多城市已经大规模地出现。这一中国特有的现象是准合法与公然违法的混合（从局外人的视角来看）。其合法、正规的方面可能包括下列情况：政府一贯的不执法不处罚，"小产权房"总体基本符合城市发展战略规划，以及存在原所有人村庄（或个体农户）与公寓及购买者之间具有类似合同的文件，等等。不合法的方面则通常包括如下情况：农业用地未经审批就做城市用地，缺乏合法的开发许可、正式规划及土地整理和分配制度以外的非法居住开发（Ho, 2013）。这样的"小产权房"社区不像其他发展中国家的棚户区，它通常有相对有序的公共服务。据估算这些准合法的"小产权房"社区约占中国住房总量的四分之一。因此，决策者不得不寻找一些路径来将这些"小产权房"进行合法化。总而言之，用于基础设施和公共目的的土地的获取过程在城乡土地制度之间势必存在差异，并且也会带来不同的法律、经济及社会政治影响。

最后，区分中国与其他发展中国家的一个同样十分重要的因素就是其在制度建设和改善政府管理规范方面表现出的长足进步（表现为陡峭的"经验学习曲线"）。关于中国征地过程中"暴力拆迁"的故事曾一度成为国际新闻，最近似乎有所减少。笔者一直在观察这个明显的变化过程。中国的政府官员对在法治框架下使用更好的规范来调整土地征收的模式方面表现出了浓厚的兴趣（这也正是对本章的一个要求）。此外，有关产权及其合理保护的社会观点一直在改变（尽管在法律意义上土地所有权仍然是国家或集体所有）。2014~2015年给北京、深圳和上海的中国学生做演讲的过程中，笔者注意到他们对产权和程序公平问题非常敏感。很显然，法治规范已经成为年轻一代中国公民世界观的一部分。如果这个发现代表除名牌大学学生以外的更多群体的观点，那么这就意味着一个重大的改变正在发生。

因为不动产的征收是私营部门与政府权力机关之间遭遇的最为敏感的问题之一，这个程序非常容易被滥用，至少容易被认为是误用。清正廉洁的良好治理环境对于土地征收过程尤其重要。中国在提高政府透明度减少腐败方面有很长的路要走。良好的治理因素不是任何一种特定的征收立法形式可以自行创造的。无论如何，中国政府在所有的公共政策领域内致力于教授和学习善政廉政时，土地征收都应当得到特别的重视。众所周知的解决方案就是在土地征收的每一个环节要透明、透明再透明。

回到征收法的具体细节。中国如何设计出既符合其特殊且迫切的需求同时又满足法治原则的一部征收法律和一系列政策呢？一系列的跨国比较研究表明，世上不存在普遍正确或完美的土地征收法（尽管部分国际机构和学者的研究认为存在）。中国应该制定满足其特殊需求的法律和政策。尽管如此，中国对法治的追求也意味着对公平公正的基本法律和道德准则的遵守和保障。

第三节　比较和设计土地征收法所需考虑的维度

本章的核心在于提供一个用于比较分析不同土地征收制度和设计特定法律的多维框架，任何一个国家的征收法都可以用这些维度来进行描述。本章没有将所有可能的维度都包含进来，只包含了那些对中国的决策制定影响最为显著的因素。例如，本章省略了制度和程序的维度。原因是这个维度囊括了世界各地不计其数的制度配置，与本章中其他更重要的维度相比这些差异就没那么重要了。

每个维度都以所选定的西方国家的案例进行了说明。在一篇文章中不可能将提到的所有维度以同样的深度进行讨论。但是，本章将尝试指出中国的决策者可以从西方国家的实践中吸取的重要的教训，以适应中国的特殊背景和需求。本章不仅会建议中国应该借鉴的东西，还将指出中国不应该采用的法律概念和准则。其中这些维度包括以下四方面。

（1）财产的宪法保护。

（2）征地补偿的原则、与征收替代方法的关系。

（3）土地征收法的替代方法：协商转让或者其他。

（4）合法的"公共目的"及其五个方面，即土地利用类型的定义；合法运作者的定义；与法定规划的联系；受益者的类型；时限及公共目的随着时间的变化。

本章首先列出了代表法律规范等级制度的宪法维度。然而，本章将会说明在现实中立法和实践的重要性远远超过宪法保护，因此其他的维度是本章分析的重点。

一、财产的宪法保护及其与土地征收法的关系

在中国,寻求加强法治可能会将对土地征收法的讨论导向宪法中的措辞。根据对13个经济发达国家的研究(Alterman,2010),本章将大胆地提出一个违反直觉的建议:完善土地征收法应当在适当立法的制定上做文章而不是在宪法领域。这是根据对经济发达国家(13个国家,超过经合组织成员国的三分之一)样本进行广泛的比较研究而提出的。

尽管许多国家的宪法都有提及产权保护(加拿大是一个例外),但是它与具体的土地征收法的联系还是相当薄弱。换句话说,在这个以国家为单元的大样本中财产的宪法保护给予了立法者和法院较大的解释空间。以上提到的这些维度在这些样本国家中存在很大的差异[1]。

人们很难从宪法的措辞中猜测土地征收的立法和实践的具体情况,也无法解释各国之间的差异。欧盟成员国还受超国家宪法——《欧洲人权公约》的约束。尽管欧洲人权法庭的司法决策基于已经发生的一些案例创建了一些有关征收的标准,但是这并没有消除欧盟成员国之间土地征收法的巨大差异。

对《欧洲人权公约》和13个经济发达国家宪法中与产权相关条款的具体的措辞感兴趣的读者可以参考 Alterman 的书 *Takings International: A Comparative Perspective on Land Use Regulations and Compensation Right*(Alterman,2010)。

二、征地补偿的原则

西方的财产学者对于补偿权问题的关注还远远不够。一些学者认为征地补偿只是评估技术的问题。事实上,要想避免在征收法的运行过程中有太多的公众抗议,征地补偿是一个至关重要的问题。在实践中,这一维度可能比其他维度更为重要,即使其他维度吸引了更多的法律关注。包括中国在内的发展中国家中,征地补偿的冲突往往是土地征收过程中的一个主要障碍。

除了有限的特例之外[2],土地征收法要求支付公正的补偿。那么,什么是公正的补偿呢?联合国粮食及农业组织拟定的《权属治理自愿准则》(2012年)中仅仅提到了"公正补偿"一词,许多国家的宪法和法律法规中也是如此。尽管补偿评估的规则可能非常复杂,而且不同国家的具体操作细节也会有所不同,我们可以说主要有两类方法可实现公正补偿。这两类方法基于两种截然不同的土地权

---

[1] 该结论也可以从 Alexander(2006)对四个国家的研究中得出,尽管他并没有做这方面的分析。
[2] 在这些特例中[有时也被称为其他条款,如美国的"义务奉献"(compulsory dedication)],法律可能允许对一小部分土地进行强制征收而不进行补偿。这种例外通常适用于有限的公共服务,通常指那些私人开发直接提供的公共服务。在芬兰(Viitanen et al.,2010)、希腊(Giannakourou and Balla,2010)、美国(Alterman,1988)和以色列(Alterman,1990a;Holzman,2007)都存在这样的例子。

利的思想观点。

一种观点认为在不动产评估时应当区分土地所有者的劳动所创造的一部分价值和社会所创造的一部分价值。当公共部门对土地进行征收时，应当只为土地所有者通过发展农业和发展投资所创造的那部分价值进行补偿。土地所有者充其量只能根据当前规划或规划条例所允许的土地使用价值获得补偿。这种观点有时被称为"基于土地现有用途的补偿"。

另一种观点将产权价值视为产权持有人所有，类似于股票和债券的价值。这一观点要求应根据"完全市场价值"进行补偿。事实上，有些人并不那么幸运，社会分配并不关心基于市场价格补偿权的基本原理。如果碰巧不动产所在的地区的社会经济发展提升了财产的价值，那么在未来可开发营利的预期下，产权持有人享有"最高最佳利用"假设下的完全市场价值。即使公共规划部门尚未批准土地利用，产权持有人依旧享有完全市场价值，只是这里的市场价值已经体现出特定的预期。这就是土地估价师所说的"期望或预期价值"。当然，按照这个原则，相反的情况也有可能发生，土地所有者也可能承担市场下跌时的损失。

不同方法之间的差异在农业用地城市化的过程中得到了最好的印证。这也是当前中国面临的重大议题。第一种方法没有考虑城市发展的预期，认为农民应当根据农业价值获得补偿。如果笔者理解得正确的话，中国现行的土地征收法就是如此。第二种方法认为土地所有者应当享有农地发展过程中土地的完全市场价值，包括那些未经规划或未经许可的价值增长。

读者可以支持任何一种方法（Dagan，2013）。然而，看一看西方国家，这两种方法及介于两种方法之间的许多方法在法律和实践中都存在。没有进行系统大规模的比较研究，不能说哪一种方法更为普遍，但是根据个人经验，每一种方法都有许多追随者，下面是一些例子。

瑞典就是一个"基于土地现有用途"方法的例子。在瑞典，征地补偿的法律和理论基础规定，如"预期价值"包含土地利用规划将发生调整的假设，那么土地所有者不能享有任何"预期价值"。美国使用的则是另一种截然相反的方法，它的补偿法反映的是真实的市场价值，即使当前土地没有按照预期的用途进行规划，但是这种可能性是存在的[①]，这个原则也适用于农业用地。有趣的是，东欧的一些前社会主义国家也采取了基于"市场价值"的方法。

一些国家也存在从一种方法向另一种方法的概念性转变。英国就发生了很明显的转变，从基于"现有用途"的方法转变到基于"市场价值"的方法（Law Commission，2001，2002）。2015年以色列政府向国会提交了一份法案旨在实行

[①] 参见纽约州的一个案例，http://decisions.courts.state.ny.us/ad3/Decisions/2014/517533.pdf。

一个巨大的转变,从当前基于"市场价值"(实际上是公认的期望值)的补偿方法转变成基于"土地现有用途"的方法,这样的修订遇到很多反对。西班牙则是将两种方法进行混合,它的总体原则是农田按照现有用途的价值进行补偿,但是立法(法院判决)给予靠近主要高速公路的农田预定的溢价(双倍价值),或给予靠近主要城市的土地略少一些的溢价[①]。

如果政府没有资金进行及时支付,那么无论哪种类型的补偿权都没有什么意义。许多国家都遇到了这种情形,也引发了许多法律和社会政治冲突。如果地方政府或其他政府有资金来源,且普遍使用基于市场价值的方法,那么争议往往较少。在中国的许多城市,通过土地招拍挂,开发商支付高额的土地出让费,地方政府因此有了支付征地补偿金的资金来源。

在中国城市化的过程中,地方政府和更高层级的政府通常需要获取大量的农村土地将其转化为城市用地。那么到底应当采取两种方法中的其中一个,还是两种方法的混合呢?一方面,现行的较低的补偿金有坚实的理论基础,能够节约资金,有助于在受城市化影响的农民与内陆持续务农的农民之间实现更加公平的分配;另一方面,压低补偿标准可能是导致农地非法转换及大规模非法和准合法"小产权房"出现的原因。因此,在中国实行基于市场价值的补偿制度具有很多优势,它可以减少征地过程中的阻力,从而加快征地的进程。采用市场为基础的补偿方法必须依靠独立专业的评估人员。评估师这个职业在中国已经存在,只不过需要壮大这个职业队伍,对其进行良好的监管并提高它的透明度。

三、征地的替代方法:协商转让或者其他

许多西方国家的法律体系都清晰地表现出征地是一项繁重的举措。在许多国家,征收部门必须在征地之前努力与土地所有者进行协商。统计数据显示,在实践中绝大多数(通常超过 90%)的强制转让实际上是通过协商达成的(瑞典是95%~96%)。这样的协商是在征收权可以行使的基础上进行的。协商转让在速度、降低冲突及交易成本方面有许多明显的优势。但是,成功的协商实践依赖于良好的廉政治理。

除了征收权,许多西方国家已经开发出了用于公共目的获取土地的替代方法。这些方法试图彻底避免土地征收。本章简要地提三种方法:土地储备、土地整理及开发权转让(transferable development rights)。

在土地储备过程中,政府(通常是地方当局)提前购买大片土地用于未来的城市扩张。购买土地基本可以避免征地的威胁。在"传统"的土地储备模式下,

---

① 2015 年 5 月 21 日对规划与土地法专家 Pablo Molina Allegre 和加泰罗尼亚环境与规划部副主任 Miralles 先生的采访。

政府部门提供基础设施,并在土地开发之后将其进行租赁或出售(Laanly and Renard,1990)。中欧和北欧的一些国家普遍采用这一方法。然而,自20世纪90年代以来,土地储备逐步被摒弃,即便像荷兰这样的土地储备的长期践行者也是如此(Needham,2007)。其原因反映出深层的趋势,即抑制直接的政府行为,壮大市场力量。土地储备适合中国吗?通过土地购买的方式征集土地可能需要很长的时间和耐心,这可能与中国城市化的速度不相符。

土地整理,也称为土地再分,最不具有干涉性,因其不替换私有财产。它是一个复杂的可塑性很强的工具,可以使地方政府重新划分地块,并对土地开发权进行重新分配(Doebele,1982;Needham and Yu,2007;Alterman,2007)。尽管土地整理具有很大的潜力,但是在经济发达国家仍然很少见。在中国,土地整理可能不适用于大规模农业用地的转换,但是它可以作为城市土地再开发的一个重要手段。

开发权转让是在美国发展起来的一种方法(Daniels,1991;Alterman,2005),旨在防止一些特定地块的土地开发,做法是将其开发权导向其他地块。在诸如自然保护、农田保护及历史遗迹的保护中可能用到。为了补偿土地所有者并避免土地征收,该方法允许保护区土地所有者将其真实或假定的开发权转让或出售给指定地区的土地所有者。因此,补偿金实际上是由其他土地所有者而不是政府进行支付。土地开发权转让并没有预期的那样成功,因为该方法是否成功视输出地(sending)与接受地(receiving)的匹配成功与否而定。近来,以耕地保护为目的的农村居民集中上楼的现象可以看作"土地开发权转让"的创新模式,尽管这很有争议。随着中国政府面临越来越大的征地阻力,对开发权转让这种手段的利用可能会增加。

四、合法的公共目的

正如上文所定义的,征收必须基于公共目的(public purpose),或其他相似的术语,如公益事业(public good)、公共利益(public interest)、共同利益(general good)或公共服务(public service)。这是土地征收法的第四个基本维度。大多数国家的法律都明确授权征收是指这样一个概念。这一基本理念也得到了联合国粮食及农业组织《土地权属负责任治理自愿准则》的认可(FAO,2012)。但是公共目的的定义和范围是什么?在立法中具体应如何界定?对发展中国家征收法措辞的比较研究表明,公共目的的定义具有很大的差异,有些法律允许自由裁量,有些法律则提供详细的清单。不同国家清单的内容也有所不同(Tagliarino,2015)。

这一看似直观的概念的界定不断地引起财产法学者、司法机构及公众的热议。然而,在笔者看来,特别是对发展中国家而言,相应的补偿问题应该被视为最重要的方面,其实经济发达国家同样非常关注公共目的这个维度。随着中国的逐渐发展，"公共目的"构成的定义很可能会引起越来越多的争议。中国的大学生已经提出了这样的问题。

规划法在罗列合法的公共服务清单时应当有多具体？尽管有些法律学者认为精确的封闭清单要比开放清单更加规范，本章的观点恰恰与之相反。制定征收法时，笔者建议在定义许可的基础设施和公共服务时应当具有一定的灵活性。这将反映出充满活力且文化多元的中国可能发生的变化，并减少未来法院的工作量。

纵观世界各国的法律，"公共目的"的定义没有所谓的"正确"答案。不同国家之间有很大的差异。在一个国家被认为完全合法的定义在另一个国家就可能被认为是违法甚至是完全不合法的。一些定义公共目的的方法很明显不适合中国。令人高兴的是，在其他国家有一些替代方法，中国可以效仿。

为了体现"公共目的"概念的复杂性并表明诸多替代方法的可行性，本章设计了一个特殊的框架，见图 3-2。该框架包含五方面内容，共同组成了"公共目的"的定义。这些内容相互关联，但并不互为前提。这五方面内容分别是土地运营类型、运作者类型（公共的或私营的）、受益者类型、基础规划及时间因素（法律如何处理公共目的随时间的迁移而变化的问题）。每方面内容都提供了一系列选择。理论上讲，多种排列组合都有可能形成"公共目的"的定义。图面整体是一个扇形，每个小扇面上有阶梯状表格。如果用动画进行演示，每个面上的项目将从"公共目的"的底部开始向外扩展，越靠近底部的政策越合意，通常反映的是西方国家征地法的历史演变过程。如果一项政策距离底部更远，那么这个政策可能是近期的或是在法律层面或理论层面更具争议的（梯级的顺序是粗略的，有些是可以互换的）。本章将讨论其中的一些方面，重点关注与中国相关性强的方面。

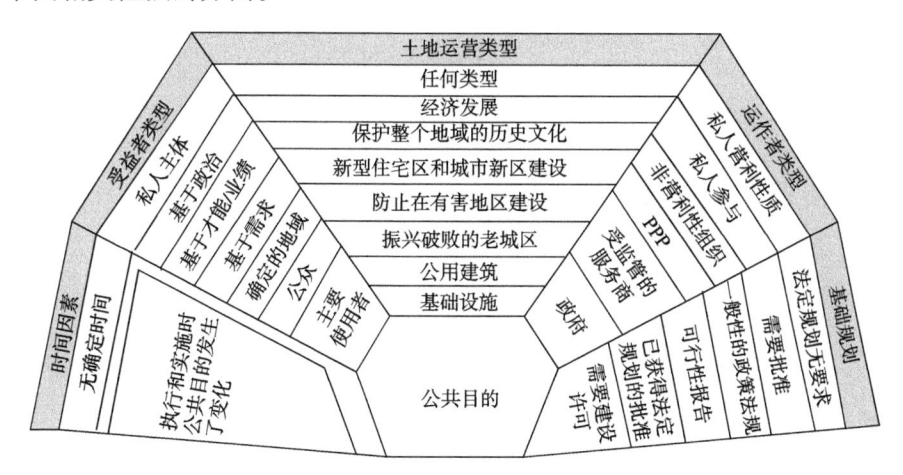

图 3-2 "公共目的"的定义：一个多维框架

位于该框架中心的这方面内容代表土地利用的类型（没有考虑所有权）。相比其他四个方面本章会更深入地讨论这方面内容，偶尔也会涉及与之相关的其他方面。

土地利用类型的第一个梯级是基础设施。从历史上来看，土地征收是从政府保障基础设施线路（主要包括公路、铁路、水利、能源设施及大坝）的需求演变而来的。从人类居住的早期历史来看，公路一直以来就是交通运输、国防及一般生存的必需品。基于此目的的政府征地行为是最明显的（可能也是具有最长历史的），公路往往跨越许多土地持有者的地块，且跨越几个同等层级政府的行政管辖区。在这些土地持有者中，没有人对于获取这些连片土地有直接兴趣。如果公路路径没有在土地开发之前决定下来，就有可能被土地的开发阻断。因此，授予高层级的政府和准政府机构土地征收的权力有其必要性和正当性。各地的征收法及相关的法院判决很可能会将这一类型的基础设施建设作为一个合法的公共目的（在满足其他方面要求的前提下）。但即便是线性基础设施中最基础的类别，也会引发争议。例如，在美国目前私营的石油或天然气管道就是一个颇具争议的问题。

土地利用类型的第二个梯级就是公用建筑，如街心花园等。对这一梯级的分类本身就容易产生不同意见，因为在一个行政管辖区内获取一块特定的土地要比获取跨越不同行政辖区的成片、连续的土地容易。但是，纵观古今，土地征收法往往允许以公共服务（如学校、公园、图书馆、市场、宗教建筑和文化设施）为目的强制获取土地。不同国家公共服务清单的内容有所不同。此外，法定适用于土地征收的公共服务也可能随着时间发生变化。一些西方国家的经验表明，生活水平的提高、人口结构的变化、文化的转变及新的客观需求都可能会导致法律所允许的政府公共服务类型的增加或减少。

从国际视角来看，随着土地利用梯级的上升，这一类问题变得更加具有争议。土地利用类型的第三个梯级是老旧地区更新。老旧地区的更新是许多国家公认的范畴，包括英国和美国。在英国和美国，老旧地区的更新已经实行了很多年。其理由就是更好地利用土地，改善住房等。这是一个很好的理由，即使当前的居民或其他土地使用者不愿意搬迁或改变现状。但是在其他一些国家，征地的理由是建设新房取代原有的旧房，这一公共利益就很难被接受。这个理由与另外两个方面内容有关——"运作者"和"受益人"。城市的再生区域不仅由政府机构来开发建设和运营，征地的受益者也可能是其他个人或私营公司。即使是在城市再生区域被视为合法公共目的的美国和英国，近年来征地使用也变得越来越备受争议。这一趋势反映了人们对房屋置换、中产阶级化的社会影响的意识提高及对社会公正准则的高度敏感（Somin，2015）。

著名的凯洛诉新伦敦市案[①]是美国关于"公共目的"的最具争议的例子,美国联邦最高法院在 2004 年对此案进行判决。该争议的部分内容围绕"对破旧社区土地的征用是否合法"这一问题(虽然这不是这个案件中最主要的问题)(Somin,2015;见图 3-3)。凯洛案最终以微弱的半数优势决定予以驳回。这一小部分人的房子最终被拆毁了。这一判决立即引发了许多学者的批判(Kanner,2006;Merriam and Massaron,2006),以及对州立法过程中适用土地征用权的公共目的的大范围抵制(Somin,2015)。然而,美国的许多州仍允许针对老旧地区使用土地征用权(回想前文中对于协商的偏好以及对充分补偿规则的讨论)。

图 3-3 具有里程碑意义的美国联邦最高法院案件凯洛诉新伦敦市案

英国最具争议的法院判决案例是利物浦边缘再生区强拆案件,大约 400 个房屋被指定用于强制收买(图 3-4)。2009 年英国高等法院驳回了伊丽莎白帕斯科女士的上诉,裁定征地的目的和程序是合法的[②]。在这个例子中同样也发生了强拆事件。在英国也经常使用强制收买(尽管通常采用协商解决)。值得注意的是补偿金的支付通常是有保障的,尽管只有部分补偿金的支付是基于市场的。

[①] 凯洛诉新伦敦市案,Citations:545 u.s. 469 125 s.ct;162l. Ed.2d 439;2005u.s. LEXIS 5011;bo ERC(BNA) 1769;18 Fla, L. Weekly Fed. S 437. http://en.wikipedia.org/wiki/kelw_v._City-of_New_London.

[②] 利物浦边缘再生区强拆案,http://www.landmarkchambers.co.uk/cases-high_court_dismisses_challenge_to_edge_lane_west_liverpool_compulsory_purch.aspx.

图 3-4　利物浦边缘再生区强拆案

伴随着中国快速城市化及城市更新进程中日益增长的旧城改造需求，土地征收可能是一个必要手段。英国和美国的案例在西方国家也不是个例。这些例子表明，在居民区改造更新的过程中使用土地征收可能是一个合法的公共目的，但是随着时间的推移，这种做法会变得越来越具有争议。权衡在社区更新过程中土地征收使用的利弊时，中国政府应当敏锐意识到社会和道德的影响。

本章将防止有害地区建设放在了土地利用类型的第四个梯级（这一类也可以放在其他地方）。本章所指的情形是政府为了保护那些在危险区域生活和工作的人而对他们的土地进行征收迫使他们离开。这些危险区域可能是洪水区、山体滑坡区或者是悬崖侵蚀区。这种情况下法律允许政府使用土地征收吗？难道这些地区不应当更多依赖激励措施、劝说或个人负责这些手段吗？随着气候的变化，这个问题变得愈加普遍，不同的国家有不同的方法来解决这个问题。

第五个梯级指的是在原有空地上的新城建设或其他新开发项目。这一类别代表了中国最主要的被征收土地形式（除了道路、高速公路和大坝等），即征收个体农业用地用于城市发展。这种土地使用类型比较普遍，在征用地区会出现所有类型的土地开发和公共服务，并不明显指用于公共目的的土地开发。部分西方国家的法律并不认可这种"公共目的"的定义，至少在实践中并不可行。例如，如果政府想要建设新城镇，那么必须通过协商或者是激励措施来购买土地。但是，在其他一些国家，尤其是在英国，强制收买作为获取新城镇土地开发以及城市扩张用地的手段已经使用了很多年，立法中也有明确的规定①。由于新开发项目的出现，而且其产生的价值往往高于现有土地利用价值，故充分补偿的问题再度变得非常重要。

本章将历史遗迹的保护放在第六个梯级这一相对较高的位置，不是因为理论上存在问题，而仅仅是因为历史遗迹保护的问题在最近几十年才在公共意识中出现（笔者将历史遗迹保护与很早之前的文物及国家名胜古迹保护进行了区分）。在过去的几个世纪，这样的遗迹被拆除重建。即便现在一些发展中国家历史遗迹的保护也不享有政策优先权，但是随着时间的推移，对历史遗迹保护的重视将会增加。中国的决策者很快会发现他们未来需要保护的不仅仅是传统房屋，还有建成很多年的城市社区。为历史遗迹保护进行土地征收在西方国家或许并不普遍（因为保护通常需要私有市场），但这项法定权力是存在的。

经济发展是这个阶梯上最具争议的梯级。它需要从私人手中征收土地，并将其指定为工业、商业、办公、旅游等用地。政府的理由是经济发展将会创造更多的就业机会，在某些情况下会为市政府带来更多的税收。这些理由就是新伦敦市在凯洛案中用到的理由。在凯洛案中被征收的土地用于辉瑞公司（美国的一家大的制药公司）地块的扩展。这就意味着征地的操作者是盈利性质的私营公司。凯洛案的判决中使用的就是基于经济发展这一类别的公共目的的定义。这也是凯洛案在美国最受争议的一方面，至今它引起的波动尚未平息。一些州对土地征收法进行了修订，禁止以此为目的进行土地征用（Lanza et al., 2013）。然而，以经济发展为目的的土地征收在某些州仍然是合法的，实践中也在使用。近期，芝加哥的一项法院判决中支持利用土地征收在工业区内获取私人持有的空地用于一家巧克力工厂地块的扩展。该案依照凯洛案，其理由也是经济发展的需要②。

然而，凯洛案在美国产生的巨大反响很难在其他一些国家产生，其在美国以外地区言过其实的知名度源于美国大学及其出版物的影响力。一些国家，在经济发展过程中使用征收手段被广泛接受。例如，英国法规中有明确的陈述："提升该地区的经济福利。"①事实上，英国在 2004 年修订《强制收买法案》时，其中一个目标便是促使甚至鼓励地方政府使用"强制收买"手段提升地区经济福利时，要更具前瞻性和创新性③。然而，这种征收手段使用的争议性在一些产权理论的著作中有所体现。国际测量师联合会（International Federation of Surveyors, FIG）拟定的指导手册建议当私营公司接受从私人手中征收来的土地

---

① 参见 2004 年的《规划和强制补偿法案》第 226 节中的例子。
② 芝加哥市诉 Eychaner 案, No. 05L050792（2015 年 1 月 21 日），伊利诺伊州上诉法院。
③ 英国副首相办公室 2004 年 6 月的通告中附录 A 第 8、9、10 和 11 段，https://www.gov.uk/government/uploads/system/uploads/attachment_data/file/7691/1918885.pdf。

时，应当提出一个利益分配计划（Viitanen et al.，2010）。虽然这是一个非常公平的方法，但是不确定它对于工业或商业企业而言是否可行。以市场机制（而不是公共政策）为基础的方法已经有所实践，即昔日的小土地所有者与新的开发商直接合作，接受开发商提供的房地产并以自己的土地作为交换。政府行为与个人行为在时间线上的差异、权力与能力的差异、政府监管困难、监管被滥用的危险和腐败都是正式大规模使用土地征收的绊脚石。如果没有试验的基础，这种方法实行起来太具有挑战性。

土地利用阶梯的最后一个梯级是"任何"公共目的。在许多国家，法律的措辞中都没有具体的规定。在这种情况下，征收当局对合法的"公共目的"具有广泛的自由裁量权。如果该国的公民提出诉讼，那么法院将通过司法审查（尤其是普通法系国家）提供更多的指导原则并对自由裁量权进行限制。

笔者将举例说明公共目的可能的法律演变，以色列是一个很好的例子，它可以证明公共目的的定义是如何随着时间的推移而进行演变的。这个相对年轻的国家最开始是一个被英国托管的国家，也是一个发达国家。其主要的征收法可追溯到1943年，是英国在该地区的托管期间颁布的。该项立法中用到了"公共目的"这个术语，但是没有提供过多的细节（Holzman，2007）。法院判决最初赋予政府广泛的自由裁量权，但是最近的一些规定对政府的自由裁量权进行了一定的限制。2010年该国的一部重要的立法修订案（1943年以来的唯一一部修订案）中"公共目的"的定义发生了巨大的转变。这份法律提供了一份长的具体的基础设施、公共建筑及社会住房类型的清单，取代了一个完全开放的术语。经济发展很显然不包括在该清单中。但是，法律却在"城镇扩张"的范畴中留下了一个小的自由裁量权。如果政府想要利用这一条款，则需要就这一条款是否包括经济发展加强磋商的过程。随着时间的推移，法院需要对这个词语做出解释。在以色列的普通法体系下，案例法可能会解释经济发展是否是"扩张"所允许的一方面内容。

第四节　并不完美的《土地征收法》

无论以何种装束出现，土地征收法都不是一部优雅完美的法律。它属于个人与政府之间不太美好的碰撞之一。所有国家都有一些需求只能通过强制获取土地或建筑物的方式来得到满足。西方国家与发展中国家其中一个不言而喻的差异就是实际使用土地征收的程度。发展中国家可能需要利用此手段来获取大量土地，而经济发达国家则可能更偏好于利用此手段来获得更多类型的公共物品。不同国家之间的征地冲突程度亦存在差异。经济发达国家经常使用征收的替代方法，补偿资金也容易获得，冲突的程度可能相对较低，多数情况下征地的案例不会诉诸法庭或见于媒体。

随着中国逐渐淡化了许多发展中国家的特点，立法者及公众领导人的使命之一就是设计一部征收法，最大限度地减少冲突的发生。本章为试图实现这一目标提供了一些指南。本章所提供的一些建议与一些学者及国际机构提出的有关土地征收的教条并不完全一致。应该将更多的精力放在引导立法和实践中而不是放在对宪法的争论中，因为本章的比较研究已经表明宪法保护与实践中用到的法律之间的联系并不紧密。补偿应当以市场价值为基础而不是以"现有用途"为基础，这种方法有助于避免过多的法律程序，节约时间，最重要的是可以减少冲突并增加公民对政府的信任。本章还认为"公共目的"的定义应当是局部开放的，而不应该是一个封闭的清单。事实上，一个详细的清单需要更大的确定性和可说明性，但是相对灵活的列表将创造一个自由裁量权的空间，可以防止征收法在像中国这样变革如此之快的社会背景中迅速过时。

土地征收法很容易变成代表过去需求的遗留和政府陈旧治理模式的残余。鉴于其不受欢迎的主题，立法者和决策者有时不愿意修订该法。一部旧的土地征收法可能是世界上最糟糕的法律。从西方国家的征收法律和实践中，有些东西中国是可以学习的，有些则是中国不应该学习的。

参 考 文 献

Alexander G S. 2006. The Global Debate Over Constitutional Property: Lessons for American Takings Jurisprudence. Chicago: Chicago University Press.

Alterman R. 1988. Exactions American style: the context for evaluation//Alterman R. Private Supply of Public Services: Evaluation of Real-estate Exactions, Linkage and Alternative Land Policies. New York: New York University Press: 3-21.

Alterman R. 1990a. Developer obligations for public services in Israel: law and social policy in a comparative perspective. Journal of Land Use and Environmental Law, 5 (3): 649-684.

Alterman R. 1990b. From expropriations to agreements: developer obligations for public services in Israel. Israel Law Review, 24 (1): 28-81.

Alterman R. 2005. A view from the outside: the role of cross-national learning in land-use law reform in the United States//Mandelker D R. Planning Reform in the New Century. Chicago: Planners Press: 309-320.

Alterman R. 2007. Much more than land assembly: land readjustment for the supply of public services//Needham B, Hong Y H. International Experiences in Land Readjustment. Cambridge: Lincoln Institute for Land Policy: 57-86.

Alterman R. 2010. Takings International: A Comparative Perspective on Land Use Regulations and Compensation Right. Chicago: American Booksellers Association.

Alterman R. 2012. Land use regulations and property values: the "Windfalls Capture" idea revisited//Brooks N, Donaghy K, Knaap G-J. The Oxford Handbook of Urban Economics and Planning. Oxford: Oxford University Press: 755-786.

Augustine P W. 1986. Protection of the right to property under the Canadian Charter of Rights and Freedoms. Ottawa Law Review, (18): 55.

Azuela A, Herrera M. 2007. Taking land around the world: international trends in the expropriation for urban and infrastructure projects. Paper Comissioned by the World Bank and the Lincoln Inistitute of Land Policy for the Urban Research Symposium.

Bauman R W. 1992. Property rights in the Canadian constitutional context. South Africian Tournal on Human Rights, 8 (3): 344.

Bruce J. 2015. China's land system reform: what comes after the third plenum? World Bank Land and Poverty Conference.

Christie D R. 2007. A tale of three takings: taking analysis in land use regulation in the United States, Australia and Canada. Brooklyn Journal of International Law, 32 (2): 345-403.

Dagan H. 2013. Expropriatory compensation, distributive justice and the rule of law. Tel Aviv University Law Faculty Papers Working Paper.

Daniels T L. 1991. The purchase of development rights: preserving agricultural land and open space. Journal of the American Planning Association, 57: 421-431.

Doebele W A. 1982. Land Readjustment: A Different Approach to Financing Urbanization. Lexington: Lexington Books.

FAO. 2012. Voluntary Guidelines on the Responsible Governance of Tenure. Rome.

Giannakourou G, Balla E. 2010. Chapter & "Finland" //Alterman R. Takings International: A Comparative Perspective on Land Use Regulations and Compensation Right. Chicago: ABA Press: 149-168.

Ho P. 2013. In defense of endogenous, spontaneously ordered devolopment: institutional functionalism and Chinese property rights. Journal of Peasant Studies, 40 (6): 1087-1118.

Holzman G Y. 2007. Land Expropriation in Israel: Law, Culture and Society. Aldershot: Ashgate Publishing.

Kanner G. 2006. Kelo v. New London: bad law, bad policy, and bad judgment. Urban Lawyer, (2): 201-235.

Kotaka T, Callies D L. 2002. Taking Land: Compulsory Purchase and Regulation in Asian-Pacific Countries. Honolulu: University of Hawaii Press.

Laanly C, Renard V. 1990. Public land banking//Renard V, Comby J. Land Policy in France: 47-56.

Lanza S P, Miceli T J, Sirmans C F, et al. 2013. The use of eminent domain for economic development in the Era of Kelo. Economic Development Quarterly, 27（4）: 352-362.

Law Commission. 2001. Compulsory Purchase and Compensation: Disregarding "The Scheme". A Discussion Paper.

Law Commission. 2002. Towards a Compulsory Purchase Code Compensation. Consultation Paper, No. 196.

Li L X. 2012. Land titling in China: Chengdu experiment and its consequences. China Economic Journal, 5（1）: 47-64.

McBean J. 1987. The implications of entrenching property rights in section 7 of the charter of rights. Alberta Law Review, 26: 548.

Merriam D, Massaron R M. 2006. Eminent Domain Use and Abuse: Kelo in Context. New York: American Bar Association.

Needham B. 2007. Dutch Land Use Planning: Planning and Managing Land Use in the Netherlands, the Principles and the Practice. Den Haag: Sdu Uitgevers.

Needham B, Yu H H. 2007. International Experiences in Land Readjustment. Cambridge: Lincoln Institute for Land Policy.

Pruetz R. 2003. Beyond Takings and Givings, Saving Natural Areas, Farmland and Historic Landmarks with Transfer of Development Rights and Density Transfer Changes. Sundsvall: Arje Press.

Raff M. 2002. Planning law and compulsory acquisition in Australia//Kotaka T, Callies D L. Taking Land: Compulsory Purchase and Regulation in Asian-Pacific Countries. Honolulu: University of Hawaii Press: 27-74.

Somin I. 2015. The Grasping Hand: "Kelo v. City of New London" and the Limits of Eminent Domain. Chicago: University of Chicago Press.

Tagliarino N. 2015. Balancing property rights with national needs: a comparative analysis of compulsory land acquisition laws enacted in Asia, Africa and Latin America. Paper Presented at the World Bank Land and Poverty Conference, Washington.

Thomas K, Sjödin E, Norell L, et al. 2008. Compulsory Acquisition and Compensation. Stockholm: Royal Instittue of Technology（KTH）.

Viitanen K, Nuuja K. 2010. Finland//Alterman R. Takings International: A Comparative Perspective on Land Use Regulations and Compensation Right. Chicago: ABA Press.

Viitanen K, Falkenbach H, Nuuja K. 2010. Compulsory Purchase and Compensation: Recommendations for Good Practice. FIG Commission.

Wu F L. 2015. Planning for growth: urban and regional planning in China. Brands: Routledge.

第四章 土地价值创造和共享之间的对称[①]
——土地价值共享如何帮助新城市发展融资

土地价值捕获（land value capture），即土地价值共享（land value sharing, LVS）并不是一个新的概念[②]。18世纪的大卫·李嘉图及19世纪的亨利·乔治就曾提出过这个概念。倡导这一概念的人认为土地价值不仅由其内在价值及个人投资决定，而且受公共基础设施发展、制度变化、社区行动、人口和经济增长的影响。在LVS中，与土地所有者购买的土地的生产力或者区位相关的价值，以及由于个人对土地投资产生的增值都应该归个人所有。相反，基础设施的公共开发商和私人开发商可以获得土地增值来支付部分建设成本。此外，政府作为公众的代表，可以持有部分由于土地规制变化以及人口和经济增长带来的土地增值（Hong and Brubaker，2010；Ingram and Hong，2012）。

在理想情况下，如果土地价值分解为上述各组成部分的交易成本为零，那么LVS是有效和公平的。有效是因为基础设施的受益者（或使用者）需要承担部分投资成本，这就防止了公共物品使用中的搭便车问题。公平是因为一个人如果没有为土地增值作贡献，他就不能获得与此相关的经济利益。但是在现实中，很难区分土地价值的不同来源。因此，土地价值的分配更多是政治操作和博弈的结果，而不是由社会福利的经济理论来决定的（Fainstein，2012；Booth，2012）。由于这种复杂性，越来越多的LVS聚焦于基础设施投资的政府和社会资本合作（public private partnership，PPP）上，如自来水和排水系统及地方路网融资（Misczynski，2012）。这些投资通常发生在较短的时期内，土地价值的变化可以归因于在一定特定时间内的投资行为，因此能清晰地看出某一个项目的成本与收益之间的联系

[①] 康宇雄、郑珆玮，土地治理实验室。
[②] 联合国人类住区规划署执行主任Joan Clos在麻省理工学院的一次会议中首次提出"土地价值共享"这一术语，使这个想法听起来不那么具有掠夺性。本章将交替使用"土地价值捕获"和"土地价值共享"这两个名词。

（Ingram and Hong，2012）。

  作为这一主题的研究者，笔者经常会在会议上向公职人员介绍 LVS 的概念，并列举一系列城市作为案例，如北京、波哥大、开罗、香港及伦敦等。在内罗毕举行的联合国会议上，当地一位敏锐的听众问道："这些土地价值捕获的方案让人跃跃欲试，但是我所在的城市的土地价值目前很低，我如何运用这些方案获得足以能覆盖公共开支的资金呢？"

  这是个很好的问题。当经济发展水平较低导致土地需求不高时，几乎没有可以共享的土地增值收益。处于初级阶段的发展中国家中的新兴城市尤其如此。如果要让 LVS 适用于这些新兴城市，我们必须调整讨论的前提，不能总是假设土地价值在整个城市化过程中会自动地、稳步地增长。本章将按照不同的发展阶段，一一列举各个阶段中所使用的不同的 LVS 工具，以探讨土地价值创造和共享的对称性。这一研究方法有以下目的：土地开发的顺序安排考虑到土地的开发从一个阶段到另一个阶段会经历价值的增加，而该增值部分价值的捕获也对土地的进一步增值提供了融资来源，这种顺序也表明在城市发展的不同阶段，共享土地价值需依靠不同的机制，因为土地增值的速度和数量是不同的。更重要的是，协商如何分配土地增值部分的政治过程也不同。

  这一研究也给笔者一个机会，分析 LVS 工具在过去不同背景下的实验中所产生的大量的信息和材料，并按照有序而连贯的方式对其进行梳理、整合。据笔者所知，以这种方式对这些材料进行解读是第一次。这一研究也是今后一系列更为全面的，涵盖政治、法律、社会各个领域的问题的系统性研究的第一步，也为 LVS 工具在现有制度中被灵活应用做准备。

  本章的后续部分中，笔者将介绍在不同的经济发展阶段应该采用哪种 LVS 工具，包括了从初始阶段到对 LVS 工具进行灵活运用的高级阶段。笔者也会说明如何把捕获的价值进一步用于提高土地价值的投资，使土地增值部分成为城市发展的可持续财政来源。由于笔者提出了一种全新的方法，读者应当格外注意笔者所提出的 LVS 工具的运用顺序仅仅是假设，且没有考虑其中的政治、法律和文化等维度。当前，还没有哪一个新兴城市是实际按照本章提出的顺序来运用 LVS 的。笔者对不同的时间和空间中 LVS 的实践者所获得的经验进行综合。毋庸置疑，根据不同的情境，对不同的 LVS 工具的组合会产生多种顺序。笔者的主要目标是找到一种理解 LVS 的新的思维方式，这种新的思维方式必须重视土地价值创造、共享与 LVS 工具应用顺序的内在逻辑。确立一套 LVS 工具的应用顺序意味着笔者要对目标新兴城市的多样性和实际情况有更多的了解。此外，尤为重要的是，由于将城市发展阶段分门别类很复杂，对不同可能模式的深入讨论亦会超出本章的范围。本章选取的门类只是用以说明，而不是意味着所有城市会遵循相同的发展轨迹。

第一节　新集聚的开端

想象一下，一些人聚居在某处，开始新生活。地点的选择可能是由于它的区位优势，也可能是因为当地有某些自然资源。在某些情况下，人们迁移到一个新的地方仅仅是因为他们原先居住的地方缺乏经济机会，或是为了逃避让人生厌的政治体制。为了简化本章的讨论，笔者假设研究对象极有潜力成为大城市，但是它又受到周围其他都市的影响。随着周边已有的城市中心的发展趋于饱和，一些经济活动溢出到新的地区，引发对土地和劳动力的需求。这一过程使土地价值逐渐增加。为了借助土地增值促进城市发展，城市政府必须做三件事：土地征用，通过公共租赁配置土地资源，以及建立良好的城市治理机制。

一、土地征用

首先，为了能与其他利益相关人分享土地的现在和未来的增值，城市政府必须要控制土地。政府可以从现有土地所有者手中征得所需的所有或多数土地。至于无主的用地，城市政府可以请求国家政府将这些土地宣告为公共资产，赋予城市政府分配土地并从土地资源中获利的法律权力。

这是一个关键时刻，如果个人无偿或低价获得土地，成为土地完全保有人，那么政府利用土地融资的机会将不复存在。历史表明，当私人房地产所有者认识到自己对土地拥有绝对所有权时，他们一般不愿意与政府（或任意其他一方）分享土地价值。因此，笔者建议建立公共租赁制度。土地权利将被出租而不是出售给私人开发商，国家仍然是土地所有者（后续有更多讨论）。在这个时候，政府还能够以较低的价格购得土地。一旦土地价值随着地方经济的增长而成倍增长，无论是从政治上还是财政上城市政府都将很难获得土地或/和私有土地者、租户共享土地的增值。

在累积土地过程中，城市政府不能对征地中的复杂性掉以轻心。在许多发展中国家，非城市化的土地的所有权也许是根据当地的惯例来安排的。一些未利用的公地或私地被一些非正式的移民占据。当非正式的财产权利诉求与法律不一致时，那么当政府征地但没有给予现有居住者适当的补偿时就会产生冲突。土地纠纷会阻碍土地上的私人投资，土地增值潜力也因此受阻。

公共征地在许多国家受困于各种冲突。其中政府以低价从农民手里购买土地，再把地块卖给私有开发商进行再开发尤其受到争议。Lozanogracia 等（2013）质疑一些发展中国家通过动用征收权或者补偿性购买的方式获得的土地是否用于公共利益。更重要的是，在这些国家，保障土地所有者或使用者得到合理征地补偿的法律和政治体制通常是缺位的。在一些缺乏立法和冲突解决系统的国家，强大的土地所有者可以从政府征地项目中获得巨大收益，贫穷弱势的农民却面临着失去他们赖以生存的土地的风险。

许多国家和地区采用土地调整（land readjustment，LR）来调解这个问题（Hong and Needham，2007）。土地调整发源于德国，在 1902 年就建立了配套的法律框架（Lozanogracia et al.，2013）。这一模式后来在日本得到了应用，随即再传播到韩国和中国台湾。通常情况下，土地所有者将土地集中在一起重新分配、更新，社区通过升级改造当地的基础设施实现再开发，土地所有者再根据其贡献的份额获得相应面积的具备公共设施的土地。土地调整的一个重要特征是，所有私人项目需要得到大多数土地所有者一致的认可（Sorensen，1999；Home，2007；Hong and Needham，2007）。有些地方，如中国台湾，地产所有者让出土地和一部分开发费用，以换取土地高密度使用的控规许可（Zhao et al.，2012）。在重新配置地块的过程中，土地会预留给私人开发商出售筹集资金，用于支付部分再开发的费用，因此，开发商能通过项目自身的财务收益覆盖开发成本。土地调整的这一特征绕开了最具争议的通过政府征地和强制性购买来整合公有土地用于私人开发的做法。

虽然土地调整的目标之一是实现土地再开发的自我融资，但是一些项目仍然需要政府补贴。以日本为例，政府对和城郊城市化（peri-urbanization）相关的土地调整项目给予大量的资助。韩国政府要求土地调整实现自我融资，因此迫使运营机构不得不提高土地所有者贡献土地的程度。随着建筑成本增加，韩国一些在 20 世纪 90 年代参加土地调整的土地所有者要交出近 60%的土地，这就打击了他们参与土地调整项目的积极性。对于想要采用这一方法的新兴城市来说，这是很重要的教训。正如笔者之后要讨论的，不论是财产税、租金还是其他税收，城市政府都不能仅依赖单一的收入为开发融资。否则，城市政府会很快到达"收益抛物线"的顶部，造成每次实际税收收入随边际税率的增加而下降的现象。

印度的城市规划方案强制土地所有者在重建过程中交出的土地高达 50%，其中 40%用于基础设施投资，10%用于社会保障住房的开发。整合后的土地被转换成新的服务设施用地，然后返还到原来农民的手里，他们可以出售给开发商或留作自用。除了贡献土地，土地所有者以增值收费的形式支付一半基础设施的建设成本（Sanyal and Deuskar，2012）。

印度的问题是，土地所有者往往不是农民，而是从原有土地所有者那里购买土地的投资者。土地估价难度大，地价不透明，导致政府往往会低估土地的增值，这使土地所有者反过来又获得土地增值收益中最大的一块。尽管一部分土地是预留给社会保障性住房的，但是真正建成的很少，完工的住房质量也很差（Sanyal and

Deuskar, 2012)。

针对土地调整实际操作中面临的问题,联合国人类住区规划署推出了"参与性和包容性的土地整理"(partiapatory and inclusive land readjustment,PILaR)的概念,它将人这一关键因素及包容性的过程和公正的结果这一概念引入了项目设计中。与偏重于技术的土地调整不同,PILaR 更关注如何能扩大所有涉及群体的选择,并帮助参与人建立共识。

PILaR 对于 LVS 的运用旨在保护受土地再开发影响的穷人。与土地调整一样,PILaR 关注如何原地安置之前的土地所有者或使用者,让他们分享土地再开发的好处。PILaR 还强调在整个过程中给予土地所有者和使用者一个开放、包容的参与环境。其目的是让所有居民对于再开发项目产生一种主人翁参与意识,赋予他们决定自己社区的未来的权利。只有通过社区组织和权利赋予,执行机构才可能避免房地产所有权的快速转让。一旦居民对社区有了归属感,他们就不太会为一点现金收益轻易出售自己的住房。一个社区的社会网络和社区支持成为留住居民的强大凝聚力,因此能缓解社区解体或中产阶级化问题。检验能否将 PILaR 这一概念运用于新地开发和贫民窟改造的试点工程还处在设计阶段或者实行阶段。对于将征地用于资助地方基础设施建设的城市官员来说,PILaR 是一种争议较少的方法。

二、通过公共租赁配置土地资源

当城市政府获得了土地控制权以后,它需要一个公共租赁系统把土地的使用、开发、转移和继承权以设定的期限租赁给个人(Bourassa and Hong,2003)。这个系统可以保证国家在私有的土地使用者公平获得一部分土地的收益后(即私有的土地使用者在对土地投资并承担所有相关风险后能获得的应有合理收益),享有土地剩余价值的权利。笔者不主张苏联国家的土地控制类型。笔者预期的公地租赁系统在激励土地私人投资的同时,保护了公众与私人土地使用者分享未来土地增值的权利。采用公共租赁一个重要理由是:如果城市政府在价格较低时出售土地,让购买者享有完全所有权,那么土地未来的增值全都归私人土地所有者。将来再想把土地增值用于资助公共基础设施和社会服务在政治上会有较大的挑战[参见 Bourassa 和 Hong(2003)关于世界各地的公共租赁系统的研究]。

利用租赁公共土地为基础设施融资在中国得到广泛使用(Peterson and Kaganova,2010)。Rithmire(2013)认为,鼓励地方政府通过出让土地使用权进行融资是中央政府的一项政策。这项政策也隐含着鼓励地方政府为自己的开支进行融资。承租人必须在前期支付大部分的租赁费,其余的在租期内逐年支付。Peterson(2009)指出,中国在过去 15~20 年,尤其是较富裕的沿海省份,高速公路基础设施建设的资金主要来自土地出让收入。

不幸的是，在大多数情况下，地方政府对土地租赁收入的使用不受制约，没有把它用于改善任何特定的地块。这一点很重要，因为 LVS 必须由价值创造来支撑。政府（或任何一个参与方）获得增值的份额取决于其对价值创造贡献的多少。如果政府不对公共基础设施和社会服务做任何投资，那么税费缴纳人最终会质疑相关当局收取这些费用的原因。更重要的是，如果没有公共土地投资，土地价值未必会上升到最高水平，这就妨碍了利用土地作为财政收入来源的目标。这看起来很显而易见，但很多城市政府会忽略这个逻辑。

印度也采用过土地租赁的方法。例如，印度的 Bandra-Kurla 综合体是在 20 世纪 90 年代由孟买大都会区域发展局（Mumbai Metropolitan Region Development Authority，MMRDA）在一片沼泽地建立起来的新商业中心。该场地覆盖 553 英亩（1 英亩=4 046.86 平方米），作为新商业集中地，它是成功的，那里汇集了孟买证券交易所和大部分银行的总部。最初，孟买大都会区域发展局进行场地开发，并以年租金和开发费用的形式从开发商那里获得收益。2003 年，孟买大都会区域发展局进行基础设施建设的责任有所增加，孟买大都会区域发展局原先的模式也有了相应的改变。2006~2007 年，孟买大都会区域发展局以 80 年租约拍卖了 13 公顷土地，募集了 12 亿美元（孟买市政当局基础设施投资的 5 倍）。将融资模式改变为土地租赁的动机是出于大规模基础设施项目建设融资的需要，项目工程包括一个新的地铁轨道系统和 23 千米的横跨孟买港的大桥（Peterson and Kaganova，2010；Peterson，2009）。

尽管以上这些证据似乎表明一些政府能够通过租赁土地为基础设施建设融资，但是这一方法需要一个良好的城市治理结构。单凭建立公共租赁制度将不足以吸引私人投资者，他们需要政府保证他们的租赁权的安全，保证所投资的土地会得到适当的公共基础设施和社会服务的支持。

三、建立良好的城市治理机制

要建立一个鼓励公私合营的环境以创造土地价值，城市政府需要：①及时更新公共土地存量记录，对不同类型土地（如商业、住宅和工业）价值有良好的评估；②培养地方政府管理公共土地，与私人投资者谈判土地合同，并培养为当地基础设施投资融资的能力；③设计一个总体规划引导城市发展，以及公私投资的土地使用权的布置；④建立透明的土地租赁制度，要求当局通过公开拍卖的方式分配土地使用权；⑤创建一个可预测的、稳定的土地租赁时间表，让私人投资者能够预见未来土地使用权的供应量，以保护他们的投资；⑥实行土地登记制度，记录所有的土地交易和合同，并允许公众自由获取这些信息；⑦在城市预算中设立一个基金账户，以记录从公共土地租赁中获得的土地收入，以及所有土地相关的支出和基础设施投资，从而确保所有的租赁收入用于对基础设施和社会服务的投资；⑧建立一个独立的监督机构，其成员包括政府高层官员、私人投资者、社区代表和社区组织者、专业团体，以及其他有关各方，监督公共土地租赁的管理。

从根本上说，只有当政府和社会资本都对土地投资时，土地价值才能被创造。如果政府公共部门没有对当地的基础设施进行投资，社会资本就不会流入该城市。没有社会投资，土地价值可能不会增加。因此，政府和社会资本的合作关系对任何 LVS 计划都是至关重要的。一个城市要建立必要的治理结构，让社会资本有信心进入这座城市，上述的步骤非常重要。我们以中国香港为例进行说明。

香港最初只是中国南部海岸的一个小渔村。它没有特殊的自然资源，英军占领这个海岛主要是因为它在中国的战略位置。英国对港殖民统治时期，香港所有的土地被宣布为"王室领地"，个人只能承租土地使用权。更重要的是，香港建立的土地管理制度，确保了土地成为一个为香港发展提供资金的主要来源，从而可以使地方税收和来自英国的转移支付保持在最低水平。这些规则延续至今。尽管中国其他主要城市也有很多开放的政策，但是，香港一直以其更加开放和包容的治理结构在吸引国内外投资者方面独具魅力。总之，城市政府不仅要将获得的土地价值投资在公共基础设施和社会服务上，还需要用于建立良好的城市治理体制，这样才能有效促进土地价值的获取与共享。

第二节　出口专业化发展阶段

随着城市的经济活动从简单初级生产扩大到更为专业的出口导向的制造业，城市就需要更多的土地用以建设工厂、住房、公共交通，以及其他相关的基础设施。根据城市的比较优势和其他历史因素，制造业活动可能集中在一个特定的行业，需要相当数量的土地和低技能的劳动力。土地价值因此迅速增加，租赁公共土地可以让城市政府通过收取租金的方式，从土地使用者手中分享到很大一部分土地增值收益。

土地的实体空间在短期内是会耗尽的。虽然城市可能增加发展密度，以创造更多的土地租赁使用权，但一些重型工业活动可能无法在多层建筑内进行。当城市将其所有地块出租给个人后，来自租赁公共土地的收入开始下降。尽管土地价值会因为土地供应的有限性而持续上升，但是土地使用者是这些经济收益的主要获益者。要应对这种情况，城市政府应考虑采用其他 LVS 工具。

一、房产税和土地税

最古老、最常见的 LVS 形式是土地税和财产税。早在四千年前的中国，农民以劳动的形式交纳"土地税"以耕作集体土地。集体土地上所有的收成都要进贡给君王，换取安全和公共服务（Hong，2008）。如今，大多数的房产税和土地税的征收是基于对土地或土地与建筑物联合的估价，单纯对土地征税是较为少见的。

有一种普遍认识误区是租赁的土地不应被征税，因为它不是私有财产。更重要的是，一些人认为租赁人已经以预付费和年地租的方式向政府缴纳了费用，因此他们租赁的土地不应该再被征税。就第一个问题而言，租赁权在多数实行公共租赁系统的国家的宪法中被认为是私有财产权（Bourassa and Hong，2003）。因此，将租赁权作为私有房地产进行征税是与物业税的法律和概念定义一致的。

至于第二个问题，房产税和租赁费是不一样的。前者是由公共产品的受益人为所消费的社会服务和市政基础设施付费。后者是承租人为租赁土地支付的租金，也就是根据合同，支付在一定期限内使用或占用土地的费用。房产税和租赁费是不同性质、不同用途的费用，不能将其视为双重征税。

设立房地产税体系另一个需要重点考虑的是只对土地征税与对土地和地上建筑一起征税这两种情况的区别。从理论上讲，土地税鼓励高密度开发，从而提高土地利用效率。除此之外，土地供应相对缺乏弹性，因此，对土地征税不会改变可开发的土地的数量，而是会减少土地所有者的预期地租。因此，许多学者认为土地税是引发最少市场扭曲（或无谓损失）的财政工具。当然，这只是基于一个局部均衡的分析，并没有考虑土地税对其他税收工具及房地产市场之外的经济部门的影响。有人提出分离税率（spilt-rate）的房地产税，土地税可以较重，房屋税较轻。从实践来看，土地税或分离税率的房地产税的可实践性和有效性仍是喜忧参半（Dye et al.，2009）。

虽然房地产税几乎存在于所有发达国家，但它在市政预算中的重要性有显著的不同。只有美国地方政府高度依赖房地产税收来资助公共开支，地方财政收入中有 16%~25%来自房地产税。而在许多欧洲城市，销售税或增值税在城市政府财政中扮演着更重要的角色。话虽如此，美国有些地方尝试降低房地产税的比重，这使它们对非税收形式的 LVS 工具也产生了强烈的兴趣。美国地方财政的这种趋势再次强化了我们的观点，即财政多样化是关键。

新兴经济体和发展中国家的房地产税发展得并不好，部分原因是这些地区需要一个良好的地籍系统和大笔财政资助来建立起用于房地产税评估和征收的计算机系统。还有一部分原因是发展中国家的许多地方政府的开支仍然依赖于中央转移支付，因此地方官员去寻找新的地方收入来源的激励不足（Bahl，2008）。最重要的是，在一些产权定义不明晰的国家尝试征收房地产税也是一个很大的挑战。

二、改良税或收益费

除了房地产税,美国和英国在20世纪70年代引入了改良税和收益费作为主要的LVS工具。通过这两个附加税,政府试图要求直接从公共投资获益的业主付费。Misczynski(2012)介绍了梅洛-鲁斯法①,这项法案为公园、开放空间、体育馆、游泳池、园林绿化、轨道交通和其他公共设施进行融资提供法律依据。收益费可以用免税的政府债券为公共服务和基础设施投资。洛杉矶地铁系统的初始资金即来自市中心车站的一英里范围内以及其他车站半英里范围内的房地产收益费。事实上,美国最大的评估区几乎覆盖了洛杉矶所有的郡县,有200多万个地块,评估区内的收益费用于资助公园和开放空间的建设[详见Misczynski(2012)关于加利福尼亚州实施特别评估的当下法律挑战的研究]。

已经在其他国家使用的类似的工具是改良税,它可以从房地产所有者那里收集到由于公共投资产生的土地价值中的30%~60%(Peterson,2009)。但是公众对这些房地产税之外的额外税费的抵触使征收举步维艰,最主要的问题是如何精确估计土地增值。例如,根据调查委员会的报告,伦敦地铁银禧线的延长线带来的土地增值的估值介于3亿英镑和27亿英镑之间。

在另一个案例中,改良税的征收帮助伦敦横贯铁路项目(London Crossrail)筹集159亿英镑的建设资金。它来自于伦敦市的一项房地产附加税。征附加税的对象为评估价值(或评估过的可税年租金价值)超过55 000英镑的商业房地产。年附加税率为2%,至少征收5年。政府预计这种方式可以征得约41亿英镑,用以支付部分建设成本。

哥伦比亚早已开始征收改良税,通过增值贡献(contribución de valorización)为基础设施融资。这个工具在不同地方差异很大。一般情况下,这种税是按照投资总额和投资初期的运行费用的一定份额进行征收的。建成后,将调整为按土地增值的一定比例征收。1980~1990年,公众反对、长期低估投资成本及较高的管理费用导致增值贡献收入占地方政府总预算的份额从15%减少到5%。

总之,城市从土地和房地产相关的税收可以得到的收入取决于纳税人的反应。房地产税普遍被认为是不受欢迎的,因为它们不像增值税或销售税那样隐蔽。在美国,房地产税的反对者已经成功游说他们的州议员对税率或税基在宪法中加以限制。要尽量避免公众反对的方法之一就是不要仅仅依赖于单一税源为地方开支融资。当地方政府拥有多样化的公共资金来源时,可以避免将房地产税税率推到过高的边际水平。尽管有很多公众反对征收房地产税,在私人承

---

① 译注:Mello-Roos Act,即社区设施法。

租人获得土地短期使用权的时候,这种基于房产税的 LVS 工具能产生一部分收入,作为租金的补充用于公共开支。事实上,中国正在研究制定新的房地产税,作为其公共租赁系统的补充。中国的一些城市,如深圳,已不再出租新地块。

第三节 出口综合体发展阶段

随着地方经济的不断扩大,以主要制造业为核心的前后向产业也会出现,如第三产业,像银行、保险、会计、法律服务、航运,这些都会促进出口。除此之外,当地居民收入提高,这就会带动其他服务业的发展,如餐饮、零售、一般消费性产品及娱乐业。所有这些活动都需要土地。第三产业的生产、服务可以在高层商业建筑内开展。因此,为了应对对土地和空间不断攀升的需求,城市政府可以考虑修改控制性规划,提高开发密度。然而前提是,现有的容积率(floor area ratio,FAR)相对于目前的增长速度和地方经济结构处在较低水平。当人口和经济密度提高时,基础设施的投入也应相应增加。

一、出租或出售新创建的开发权

因为大部分土地被承租人占用,城市官员需要依靠私人激励,以更高的密度进行土地再开发,创造新的开发权,这些开发权可以转化为收入。为了简化讨论,笔者假设房地产投资者愿意利用放松的控制性规划,进行土地再开发。在公共租赁系统中,如果土地使用者计划进行土地再开发,并需要更多的土地使用权时,他必须为这些不包含在原始合同中的权利付费。在中国香港,这种付款方式叫作契约修订补价[lease modification premium,参见香港租赁系统的不同租赁付款类型(Hong and Needham,2007)]。城市政府和之前的租赁人可以参与分享由更高的容积率进行土地再开发带来的额外的地租收入,原因是这部分土地增值是由土地使用法规修改引起的。

在巴西圣保罗,城市政府采用了名为"额外建设潜力债券证书"(certificate of additional construction potential bonds,CEPACs)的地上空间所有权出售的项目,为当地基础设施建设融资。全市已建立了 13 个"城市运营项目"(即大规模的城市基础设施建设或重建项目),它们是建立在 LVS 的法规上的(Biderman et al.,2006;Sandroni,2011)。容积率从 2 增加到 4,新增的开发权拍卖给私人开发商,收益用于公共基础设施投资。2004~2009 年,在圣保罗的 Faria Lima 和 Agua Espraiada 等地出售的 CEPACs 得到总收入 16.2 亿雷亚尔(Sandroni,2011)。

二、配套支付

城市还可以采用所谓的"配套支付"（exactions）来要求开发商建设公共基础设施（或预留土地用于这些目的），作为获得额外密度奖励和规划部门同意再开发的条件（Peterson，2009）。如果开发商不愿意建设所需要的公共产品，也可以选择支付给城市等量的资金来满足要求（Altshuler et al.，1993）。在美国和其他实行永久房地产权的国家，这种做法背后的逻辑是新的开发会增加对地方基础设施的需求。因此，新开发商必须为此付费。

配套支付这一做法起源于 20 世纪 20 年代，当时美国城郊的发展增加了郊区对公共设施的需求，这就需要特定的土地和空间。将农用地开发转为城市用地，需要提供街道、排水、供水、供电、学校、公园。开发商被要求为这些设施提供土地。例如，在波特兰、奥斯汀和沃斯堡，开发商必须按照每 1 000 名居民 5 亩[①]（或每 1 000 名居民 20 万~100 万美元）的标准交出一部分土地。在波特兰的这种配套支付被称为"系统开发费"，让城市前期发行债券来买地建造公园，然后使用开发费来偿还债务。尽管这很受欢迎，但实施配套支付的主要难点是要准确估计配套土地贡献量或同等的费用，使之与未来所需的基础设施建设场地和费用相匹配。

英国使用的方法与此类似，称为"规划利益（或义务）"，但没有美国的配套那么严格，也不需要对开发的影响和优惠（或收费）之间的关系进行正式测试。贡献的金额取决于开发的价值，也取决于城市政府和私人发展商之间的协商（Claydon and Smith，1997）。根据《城乡规划法》第 106 条，政府可以向任何新的开发项目附加规划义务。当一个新的开发项目需要规划许可来批准它对土地利用的改变时，政府要求开发商准备相应的资金用于建造容纳新增人口的住房。

三、包容性规划

土地不断增值的一个主要后果是，穷人愈加负担不起住房。因为地价上升，住房成本也会相应增加。包容性规划（或包容性的住房），是要求在新的住宅开发项目中提供部分保障性住房。美国的许多城市把它与影响费（impact fee）一起使用。Calavita 和 Mallach（2010）指出，美国的包容性规划通常不被看作一个 LVS 工具，而是被看作扭转排斥性分区的规制手段。然而为了使包容性区划得以实现，各城市必须给开发商密度奖励，同时放宽建设和审批要求，这样开发商才有动力提供保障性住房。在马萨诸塞州波士顿，通过增加开发密度而增加的空间中 20%

---

① 1 亩≈666.7 平方米。

的空间必须分配给保障性住房（Calavita and Mallach，2010），或者开发商也可以支付相当的费用作为代替。

很多文献对包容性规划是不是一种提供保障性住房的有效方式存在不同意见。一方面，包容性规划无须大量政府补贴，因此可以视为有可持续性。但是，它可能会增加商品房成本，从而加剧一些城市住房价格居高不下的问题（Been et al.，2007）。在卖方市场，Oxley（2008）认为包容性规划相当于让新的购房者来承担提供保障性住房隐含的税赋。

巴西圣保罗 Nova Luz 区重建项目尝试了包容性规划的一个复杂形式。圣保罗市区中心对约 50 公顷的、受毒品和暴力困扰的地区进行了更新。更新的目标是保护历史建筑、创造新的绿色空间、就地安置现有的低收入居民（Bucalem，2012）。一个名为"城市特许经营"的新工具，允许项目通过私营公司以招标方式执行，并通过奖励密度进行融资。该条件是社会利益特区（zonasespeciais de interesse social）要求投资者在其开发的综合体里提供一个固定百分比的可负担住房单位（Rodrigues，2012）。其结果是，为现有居民提供的可负担住房已经占到 Nova Luz 整体住房的 25%。

虽然这些案例的描述简短，它们所传递的直接信息却是明确的，即城市在将所有的地块都出租甚至出售给个人后可以利用任何未分配的开发权作为一种收入来源。在公共租赁系统中，承租人应该清楚地知道他们并不具备未在他们的土地合同上规定的土地权利。因此，如果承租人想重新开发自己的土地，理论上城市政府应该能较为容易地要求承租人支付额外的租赁费用。城市还可以使用批准重建计划的权利，要求土地使用者支付额外款项来资助基础设施成本。方法的选择将取决于城市的官员和土地使用者在目前的法律和政治制度下的博弈的情况。

通过出售或租赁未分配的发展权来提高财政收入并不意味着政府应该停止从最初的土地租约中收取房产税或租赁费用。所有这些 LVS 工具并不是相互排斥的。应用一个 LVS 工具与应用另一个工具是不冲突的。笔者这里所建议的是一个将与不动产相关的市政收入来源逐步多样化的战略。当城市进入发展的更高阶段，它需要通过打出 LVS 组合工具，来实现城市在更为复杂的新经济背景下的财政目标。

第四节　经济成熟阶段

在成熟阶段，一些雇用了非熟练或半熟练劳动力的旧的生产企业将开始逐步被淘汰或转移到其他土地和劳动力成本较低的地区。高附加值产品的生产会取代旧产业作为经济增长的重要引擎。当地劳动力也将受到更多的教育,拥有更高的技术技能。人口收入水平将继续上升,从而构成一个国内生产和国外进口的主要消费市场。高端服务和消费产品的消费也将扩大。不可否认的是,在现实中产业结构调整并不总能像笔者描绘的那样顺利进行。在某些情况下,美国的一些老工业城市永远无法改变它们的经济基础,随后进入了长时间的衰退。为了便于讨论,笔者在此先假设城市从旧的重工业转移到一些高附加值的生产上是可能的。

随着当地经济结构的调整,城市对土地的需求也从重工业转向技术和商业用途。其结果是将现有工厂转变为商业办公室、技术研究和生产中心,以及零售店铺。对住房的需求也可能会改变。随着收入水平的提高,人们会想要更高的建筑标准和更好设施的房屋。同样,这种新的住房需求将产生一些老城市社区重建的力量。因此,重建建筑物和基础设施将是在这一阶段扩大城市增长的关键战略。

城市政府可能需要将其角色定位从城市发展的发起者和管理人转变为仅仅是作为一个协调者。这主要是因为总体经济增长和生活水平的提高都会产生多样化的社区和商业偏好,这些偏好经常是不一致的。不同的社区团体和商业团体将开始积极参与当地的政策决策,提出它们认为最能够维护它们利益的公共支出的优先类型和需求。过去的经验表明,不同团体在偏好不一致的情况下,根据自身优势自上而下来实施城市重建未必是最好的策略。相反,更多的责任可能要委托给社会和当地社区,城市政府充当调停者或推动者的角色。正如下文的提议中所示,所有建议的 LVS 工具都需要通过商业社区和邻里组织的积极参与来发起、协商土地价值的共享。

一、税收增量融资

税收增量融资(tax increment financing,TIF)是 1951 年起源于美国加利福尼亚州的一种 LVS 工具,目的是鼓励衰退地区的重建。基本上,TIF 是对准备通过发行市政债券进行重建的衰退区域内的房产收取的附加税。当城市政府宣布一个合格的区域为 TIF 小区时,小区内的所有住宅的评估值将被冻结。评估税基未来发生的任何变化将在现有房产税之上被征收额外的税收。TIF 征税专门用于服务和偿还为重建项目融资所发的市政债券。在伊利诺伊州,这一概念出现以来已经产生了超过 500 个 TIF 小区。一般情况下,将建立一个准公共机构管理重建项目。该机构必须能够收集税收,并能保证 TIF 收入专门用于偿还因改造目的所举债务。

尽管 TIF 很流行,但它仍有许多问题(Brueckner et al., 2001;Dye and Merriman, 2006)。

(1)由 TIF 资助的项目能够自筹资金吗?
(2)TIF 在多大程度上可以增加房产价值?
(3)TIF 是否只是将投资从一个区域转投到另一个区域,并未创造任何新的价值？

Dye 和 Merriman（2006）认为，商业 TIF 小区减少了同一城市内非 TIF 小区的商业地产增值，这表明增长只从一个区域重新分配给另一个区域。

TIF 没有在发展中国家广泛使用。在美国以外没有用这一个名称来描述的类似 LVS 机制。这可能是因为 TIF 的收集必须是附加在房产税之上的，而发展中国家并不常使用房产税这一工具。

商业区或邻里改善区允许一群纳税人或业主支付额外的税款给城市政府（或自筹费用的机构）以获得更好的本地服务，如街道清洁、照明、街道家具和广告（Medda, 2012）。Caruso 和 Weber（2007）认为，在美国的城市（如纽约、洛杉矶）日益受欢迎的商业改善区（business improvement districts，BIDS）反映了传统的主街购物区面临来自商场和时尚生活中心的挑战，也反映了为购物者提供更具吸引力的环境的需要。邻里改善区（neighborhood improvement districts，NIDs）主要是城市对联邦和州政府日益减少的维护基础设施和社会服务资金的反应。此外，房产所有者希望能对公共物品的类型和种类的选择决定有更多影响，并要求任何附加税或费的收集和使用之间有明确联系。

原则上，BIDs 和 NIDs 能提高公共服务供应的效率，避免搭便车的现象，因为本地服务的用户直接承担了保证公共服务供应量和服务质量所带来的成本。这种 LVS 的主要问题是可能会激化一个城市中的富裕街区和贫穷街区之间的差异。富裕的社区或商业地区将更有经济能力支付比贫困地区更多的本地服务，从而造成生活条件和设施在城市空间内的不平等分布现状的长期延续。为了解决这个问题，城市管理者要坚持基本公共服务应覆盖到所有人，然后让各个社区根据自己的支付能力自己决定要消费多少公共产品。

二、社区收益协议

美国已经开始采用一个类似的，以邻里为基础的方法，即"社区收益协议"（community benefit agreements，CBA）。为了得到社区的支持并最终通过规划审批，开发商同意向受影响的社区提供通过协商确定的一系列公共产品。CBA 的一个试点是洛杉矶的斯台普斯中心（Staples Center）。商定的主要内容是，把综合体内 20% 的住房单元用作保障性住房，为当地居民创造一些就业机会，为停车场、休憩设施融资（Marcello, 2007）。Wolf-Powers（2012）质疑 CBA 是否是重新分配再开发带来的土地增值的正确方式。尽管 CBA 可以帮助开发商消除公众反对的不确定性，但是这种做法是有争议的。首先是涉及社区利益的代表和定义，人们可以在 CBA 中为他们自身的利益讨价还价，而不是为了更广泛的社区利益。其次 CBA 可能会与城市政府采用的其他捕获土地价值的机制重复，阻碍其他 LVS 工具的有效性。为了让 CBA 能有效运作，代表社区进行协商的人员的角色必须根据居民的意愿进行明确的定义。此外，城市和社区之间的良好协作是至关重要的。

第五节　对称与因地制宜

本章的讨论是整合学者和实践者积累的关于 LVS 的海量信息的第一步。笔者认为，这种整合从两个方面看待 LVS：①土地价值创造和共享的对称；②因地制宜地采用各种 LVS 工具。

第一个方面的认识提醒人们，在讨论 LVS 方案之前，人们先要创造土地价值。如果土地价值由于缺乏公私投资而没有增长，那么讨论 LVS 是毫无意义的。更重要的是，人们不仅需要用于基础设施和社会服务的公共投资以创造土地价值，还要建立良好的城市治理机制。开放、包容、有效的制度能够让所有利益相关者一起营造一个有助于创造土地价值的稳定、可预测的经济环境，虽然这个重要的因素经常会被忽略。

第二个方面指出应用不同的 LVS 工具不是随意的。在某一时空条件下采用某种工具一定有其特定的逻辑。笔者并不是说自己发现了这一逻辑，只是通过将不同的工具与不同的城市发展阶段进行匹配来说明这一观点。笔者只是提出一种应用 LVS 工具的可能的次序，供想要采用土地增值为城市发展融资的市政当局做参考。笔者希望本章能够激发起其他研究者的兴趣，能够将这一分析至少进行两方面的拓展。第一，遵循不同发展道路的城市的发展模式各不相同，因此肯定需要不同的发展阶段排序。第二，LVS 工具可以根据政府能力、立法结构、国家和地方政治及当地文化来确定，做到因地制宜。城市政府是 LVS 理念的引领者，因此，城市政府推动、管理和协调土地共享的能力，以及处理城市在不同发展阶段面临的问题的能力决定了所采用的 LVS 工具的顺序和组合。

参 考 文 献

Altshuler A A, Gomez-Ibanez J A, Howitt A M. 1993. Regulation for Revenue: The Political Economy of Land Use Exactions. Washington: Brookings Institution.

Aramillo S. 2001. The Betterment Levy and Participation in Land Value Increments: The Colombian Experience. Cambridge: Lincoln Institute for Land Policy.

Bahl R. 2008. Opportunities and risks of fiscal decentralization: a developing country perspective//Ingram G K, Hong Y H. Fiscal Decentralization and Land Policies. Cambridge: Lincoln Institute of Land Policy.

Ballaney S, Patel B. 2009. Using the "development plan-town planning scheme" mechanism to appropriate land and build urban infrastructure. India Infrastructure Report.

Been V, Meltzer R, Schuetz J. 2007. The Effects of Inclusionary Zoning on Local Housing Markets: Lessons from the San Francisco. Washington: Suburban Boston Areas.

Bengston D N, Fletcher J O, Nelson K C. 2004. Public policies for managing urban growth and protecting open space: policy instruments and lessons learned in the United States. Landscape & Urban Planning, 69(2~3): 271-286.

Benton J E. 2010. Trends in local government revenues: the old, the new, and the future//Ingram G K, Hong Y H. Land Policy and Their Outcomes. Cambridge: Lincoln Institute of Land Policy.

Biderman C, Sandroni P, Smolka M O. 2006. Large-scale urban interventions: the case of Faria Lima in São Paulo. Land Lines, 18(2): 8-13.

Booth P A. 2012. The unearned increment: property and the capture of betterment value in Britain and France//Ingram G, HongY K. Value Capcure and Land Policies. Cambridge: Lincoln Institute of Land Policy.

Borhart R J. 1994. Corridor reservation: implications for recouping a portion of the "unearned increment" arising from construction of transportation facilities. Final Report, Virginia Transportation Research Council, Charlottesville: VTRC 94-R15.

Bourassa S C, Hong Y H. 2003. Leasing Public Land: Policy Debates and International Experiences. Cambridge: Lincoln Institute of Land Policy.

Brueckner J K, Mills E, Kremer M. 2001. Urban sprawl: lessons from urban economics with comments. Brookings-Wharton Papers on Urban Affairs, (1): 65-97.

Bucalem M L. 2012. Sustainable urban development of Sao Paulo: challenges and opportunities. World Cities World Class University Network Meeting, City University, London, UK.

Burge G, Ihlanfeldt K. 2006. Impact fees and single-family home construction. Journal of Urban Economics, 60(2): 284-306.

Calavita N, Mallach A. 2010. Inclusionary Housing in International Perspective: Affordable Housing, Social Inclusion, and Land Value Recapture. Cambridge: Lincoln Institute of Land Policy.

Campbell H, Ellis H, Gladwell C, et al. 2000. Planning obligations, planning practice, and land-use outcomes. Environment and Planning B Planning & Design, 27(5): 759-776.

Caruso G, Weber R. 2007. Getting the max for the tax: an examination of BID performance measures. Public Administration and Public Policy, 145: 319.

Cervero R, Murakami J. 2009. Rail and property development in Hong Kong: experiences and extensions. Urban Studies, 46（10）: 2019-2043.

Cervero R, Ferrell C, Murphy S. 2002. Transit-oriented development and joint development in the United States: a literature review. TCRP Research Results Digest.

Çete M. 2010. Turkish land readjustment: good practice in urban development. Journal of Urban Planning and Development, 136（4）: 373-380.

Claydon J, Smith B. 1997. Negotiating planning gains through the British development control system. Urban Studies, 34（12）: 2003-2021.

Crook T, Monk S. 2011. Planning gains, providing homes. Housing Studies, 26(7~8): 997-1018.

Dye R F, Merriman D F. 2006. Tax increment financing: a tool for local economic development. Land lines, 18（1）: 2-7.

Dye R F, England R W, Policy L I. 2009. Land Value Taxation: Theory Evidence, and Practice. Lincoln: Cambridge Institute of Land Policy.

Evans-Cowley J. 2006. Development Exactions: Process and Planning Issues. Cambridge: Lincoln Institute of Land Policy.

Fainstein S S. 2012. Land value capture and justice//Ingram G, Hong Y H. Value Capture and Land Policies. Cambridge: Lincoln Institute of Land Policy: 21-40.

Frank J E. 1987. Development exactions. Washington: Planners Press.

Froes M, Robelo J M. 2006. Urban Operations and the São Paulo Metro Line 4. Washington: The World Bank.

Furtado F. 2000. Colombia. American Journal of Economics and Sociology, 59（5）: 97-110.

George H. 1879. Progress and Poverty: An Inquiry into the Cause of Industrial Depressions and of Increase of Want with Increase of Wealth. Garden City: Doubleday and London.

Greater London Authority. 2010. Intention to Levy a Business Rate Supplement to Finance the Greater London Authority's Contribution to the Crossrail Project: Final Prospectus.

Gurran N, Whitehead C. 2011. Planning and affordable housing in Australia and the UK: a comparative perspective. Housing Studies, 26（7~8）: 1193-1214.

Harnik P. 2010. Urban Green: Innovative Parks for Resurgent Cities. St Louis: Island Press.

Home R. 2007. Land readjustment as a method of development land assembly: a comparative overview. The Town Planning Review, 78（4）: 459-483.

Hong Y H. 2008. Taxing Land Without Market Value: Ancient China. Cambridge: Lincoln Institute of Land Policy.

Hong Y H, Needham B. 2007. Analyzing Land Readjustment: Economics, Law, and Collective Action. Cambridge: Lincoln Institute of Land Policy.

Hong Y H, Brubaker D. 2010. Integrating the proposed property tax with the public leasehold system.

Ihlanfeldt K R, Shaughnessy T. 2004. An empirical investigation of the effects of impact fees on housing and land markets. Regional Science and Urban Economics, 34 (6): 639-661.

Ingram G K, Hong Y H. 2012. Value Capture and Land Policies. Cambridge: Lincoln Institute of Land Policy.

Lefmann O, Larsen K K. 2000. Denmark//Andelson R V. Land-value Taxation Around the World. Hoboken: Wiley-Blackwell.

Lozanogracia N, Lall S V, Young C, et al. 2013. Leveraging Land to Enable Urban Transformation: Lessons from Global Experience. Rochester: Social Science Electronic Publishing.

Mah J. 2009. Can inclusionary zoning help address the shortage of affordable housing in Toronto? Canadian Policy Research Networks.

Mallach A, Calavita N. 2010. United States: from radical innovation to mainstream housing policy//Moore C. Inclusionary Housing in International Perspective: Affordable Housing, Social Inclusion, and Land Value Recapture. Cambridge: Lincoln Institute of Land Policy: 15-77.

Marcello D. 2007. Community benefit agreements: new vehicle for investment in America's neighborhoods. SSRN Scholarly Paper. Rochester: Social Science Research Network, 39(3): 657.

Medda F. 2012. Land value capture finance for transport accessibility: a review. Journal of Transport Geography, 25: 154-161.

Mees P. 2010. Transport for Suburbia: Beyond the Automobile Age. London: Earthscan.

Misczynski D J. 2012. Special assessments in California: 35 years of expansion and restriction//Ingram G K, Hong Y H. Value Capture and Land Policies. Cambridge: Lincoln Institute of Land Policy.

Oxley M. 2008. Implicit land taxation and affordable housing provision in England. Housing Studies, 23 (4): 661-671.

Peterson G E. 2006. Land leasing and land sale as an infrastructure-financing option. SSRN Scholarly Paper. Rochester: Social Science Research Network.

Peterson G E. 2009. Unlocking Land Values to Finance Urban Infrastructure. World Bank and Public-Private Infrastructure Advisory Facility. Washington: The World Bank.

Peterson G E, Kaganova O. 2010. Integrating land financing into subnational fiscal management. Policy Research Working Paper 5409. Washington: The World Bank.

Phatak V K. 2009. Charges on land and development rights as financing resource for urban development//Mohanty N, Sarkar R, Pandey A. India Infrastructure Report 2009. New Dehli: Oxford University Press: 227-234.

Ricardo D. 1821. On the Principles of Political Economy and Taxation. 3rd ed. London: John Murray.

Rithmire M. 2013. Land politics local state capcities: the political economy of urban change in China. China Quarterly, 216: 872-895.

Rodrigues S P. 2012. Misusing the city statute in São Paulo: the Nova Luz urban renewal project//Pacetti M, Passerini G, Brebbia C A, et al. The Sustainable City: Urban Regeneration and Sustainability.

Rybeck R. 2004. Using value capture to finance infrastructure and encourage compact development. Public Works Management & Policy, 8 (4): 249-260.

Salkin P, Lavine A. 2008. Understanding community benefits agreements. SSRN Scholarly Paper. Rochester: Social Science Research Network.

Salon D, Shewmake S. 2011. Opportunities for value capture to fund public transport: a comprehensive review of the literature with a focus on East Asia. SSRN Scholarly Paper. Rochester: Social Science Research Network.

Sandroni P. 2011. Recent experience with land value capture in São Paulo, Brazil. Land Lines, 23 (3): 14-19.

Sanyal B, Deuskar C. 2012. A better way to grow? Town planning schemes as a hybrid land readjustment process in Ahmedabad, India//Ingram G K, Hong Y H. Value Capture and Land Policies. Cambridge: Lincoln Institute of Land Policy.

Smith J J, Gihring T A. 2006. Financing transit systems through value capture: an annotated bibliography. American Journal of Economics and Sociology, 65 (3): 751-786.

Sorensen A. 1999. Land readjustment, urban planning and urban sprawl in the Tokyo metropolitan area. Urban Studies, 36 (13): 2333-2360.

Tideman N. 1993. Integrating rent and demand revelation in the evaluation and financing of services//Ohta H, Thisse J F. Does Economic Spat Matter? London: Palgrave Macmillan Press: 133-150.

United Nations Human Settlements Programme, Global Land Tool Network. 2011. Innovative Land and Property Taxation. Nairobi: United Nations Human Settlements Programme.

Walters L C. 2012. Are property-related taxes effective land value capture instruments?//Ingram G K, Hong Y H. Value Capture and Land Policies. Cambridge: Lincoln Institute of Land Policy.

Wolf-Powers L. 2012. Community benefit agreements in a value capture context//Ingram G K, Hong Y H. Value Capture and Land Policies. Cambridge: Lincoln Institute of Land Policy: 217-232.

World Bank. 2006. Brazil Inputs for a Strategy for Cities: A Contribution with a Focus on Cities and Municipalities. Volume II: Background Papers.

Zhao Z R, Das K V, Larson K. 2012. Joint development as a value capture strategy in transportation finance. Journal of Transport and Land Use, 5 (1): 5-17.

第五章 农田保护与国家资源管理[1]

第一节 21世纪农业土地保护

全球城镇化是当前最突出的土地利用现象之一（United Nations Department of Economic and Social Affairs, Population Division, 2014）。但其实这一现象已持续了100多年。20世纪中期以前，快速城镇化现象在发达国家最为明显，目前这一进程仍在持续。自20世纪中期以来，快速城镇化及其后果在发展中国家开始凸显。各大洲的国家正积极应对显著的农村向城市的迁移、城市地区的人口增长，以及因此带来的主要城市地区和大部分小城市的空间扩张（Clark, 1998; Angel, 2012）。

由于城镇化现象的出现，城市周边地区的农业用地受到了重大影响。在发展中国家的大部分地区，农业用地历来靠近城市。这一土地利用模式使生产者更容易接触市场，尤其在交通体系不完善且昂贵的地区，农产品易腐烂，生产者可能都是小规模生产，没有资金或设施储藏农产品。从城市角度来看，这种土地利用关系因向城市居民提供他们日常生活所需的部分或所有食品而受益。

当城镇化导致城市向毗邻的农业用地扩张时，通常都是以低密度住宅开发的形式发生。在世界上以发达国家为主的一些地区，这种扩张都是为中上阶层住宅所用；在另一些以发展中国家为主的地区，这种扩张则是为了国家最贫困的人群定居，通常都是非正式或非法的社区（Davis, 2006）。

但是，从传统的土地经济学理论的角度来看，这种土地利用变化应该不成问题。一种更高的利用需求是城镇化正在争夺有限的土地资源并取代不够集约的农业用地。一种基于市场的经济效率正在出现，结果应该是农业逐步被转移到需求强度低而使农业经济效率高的更偏远的位置（例如，农业用地以竞标地租来体现其最佳利用）；而且宏观经济结构的转变也允许其他来源供给农业产品。例如，区域或全球贸易的一大功能——进口。

---

[1] Harvey M. Jacobs。

在很大程度上，基于市场的经济效率就是20世纪城市周边地区土地利用方式的变化，以及主流理论与政策对这一变化的看法。但是自20世纪70年代开始出现了另一种观点，即考量明确的政策措施来消解基于市场的土地利用现象不仅重要，甚至很关键。这一观点认为发达国家与发展中国家保护农业土地和其他低密度广阔土地利用的公共政策可能带来更谨慎、更有效的土地利用和公共财政。

这一观点的拥护者承认因城镇化造成的农业土地严重缺失是一个百年老现象。传统做法是以下方式的结合：以新土地置换那些不再进行农业生产的土地，以及在那些用于农业生产的土地上进行集约化生产。后者把握住了由机械化、高效管理实践、杀虫剂和除草剂开发、作物育种和种子开发方面的科技应用所带来的益处。最终结果就是，虽然进行生产的土地减少，每公顷土地的生产率却大幅增加。而自20世纪60年代开始，许多农业科学家开始警告每公顷土地生产率的递增曲线开始趋于平缓，对此的争论一直持续至今。一种观点认为我们以前曾开辟道路从农业生产率危机中走了出来，我们还能再次这么做。例如，通过利用生物科技。另一种观点则力求谨慎，并建议除非确定有一种替代方式，否则不应浪费土地资源。因此，当每公顷土地的生产率增幅递减时，全球人口普遍持续递增（尤其城镇人口增加），土地这一固定且唯一的资源在减少，这让持另一种观点的人们要敦促农业用地保护计划的实施（Gardner，1996）就是这种观点的一例。

农业用地保护的拥护者之后通过事实进一步论证其观点，即到底有多少土地消失于城镇化。以美国为例，在20世纪70年代末80年代初这一争论风行之时，预计耕地流失每年在24.3万公顷到364.2万公顷不等（Coughlin and Keene, 1981）。怎么可能做出如此大范围的预测呢？这取决于计算基础。谨慎论观点的拥护者倾向于更高的预测，因为他们认为其所讨论的是对城市周边土地流失更为系统的认识。他们认为土地流失至少包括三个部分：①土地直接转化，从农业用途转向城市用途（在美国的预测中，从每年24.3万公顷到120万公顷不等）；②土地间接流失，生产能力降低，如水土流失、盐碱化、沙漠化等（在美国，预计每年达120万公顷之多）；③土地闲置，预期城市开发即将到来（在美国，预计每年也达120万公顷之多）。无论实际数字是否证实这三种方式的土地流失，从农业土地流失量这一庞大系统的角度来看，当结合每公顷土地生产力的不确定性和人口增长不断给土地增加的压力时，似乎公共政策干预能够得到论证，直至我们能明确农业生产系统的不确定性会如何解决[①]。

但是在主流观点看来，即使是这两种现象也不足以构成挑战市场机制逻辑的

---

① 中国在这方面提供了更加生动的现实例子。数年前，Hertsgaard（1997）引用的数据表明在1950~1990年，中国因城市增长和水土流失已经失去了近3 500万公顷的耕地，相当于德国、法国和英国的耕地总和。这些土地流失还在继续并因收入增长而凸显，因为收入增加正在改变人们的膳食结构，导致对食品生产体系的压力不断增加。

基础。主流观点认为充分的可替代性终将形成，要么通过将新的土地用于生产或者通过宏观经济调整，从而应对农业土地流失造成的问题。对持另一种观点的人们来说，农业土地保护之所以变得如此紧迫还有三个方面的担忧。第一个担忧是国内的粮食安全问题。第二次世界大战后许多经合组织国家首先制定政策，保护城市周边农业用地。刚刚脱离战争苦海的国家对于完全无法控制本国粮食供应的脆弱性十分敏感。控制不了粮食，国家（国内地区）就容易被操控和瓦解。毫不夸张地说，他们会因断粮而屈服！这一粮食安全问题在发展中国家正不断成为压力。随着越来越多的国家更充分地进入全球市场，人们对是否让一国人口的粮食安全置于其他国家和跨国企业控制之下犹豫不决。早在20世纪90年代中期，像美国《新闻周刊》（1995年）这样的流行刊物就曾就此问题发表过相关文章，指出了那些在这方面最受威胁的国家（de Schutter 在2011年发表的文章是"土地掠夺"环境下这一现象的当代讨论）。

第二个担忧是城镇化给公共财政造成的压力。对于许多发展中国家来说，公共部门的预算紧、增长慢，要谨慎分配。城市周边地区快速而低密度的城镇化带来对公共财政的低效需求。随着城镇化的发生，对有形的和社会的基础设施的需求增加。当现有城市正快速发展，并因此要求有形的和社会的基础设施投资时，来自城市周边地区的竞争需求使城市管理者陷入两难之境。若地方官员要在城市周边地区提供基础设施，他们就要分散利用有限的公共资金；若他们不进行基础设施投入，则会引起社会的不满，人们会认为自己没有享受到应有的服务。

第三个担忧是环境。城市周边地区的农业用地具有农业和环境双重价值。随着土地被转化，可能（通常也确实会）出现环境恶化（Johnson，2001；Ortiz，2002；Eigenbrod et al.，2011）。这可能包括空气污染、水土流失、水位损耗、地下水污染、野生动物栖息地丧失，以及对独特生态区域的威胁。这些都会直接或间接地危害人口健康，而且从公众观点来看管理成本也很高。

因此，虽然主流经济逻辑认为不应对城市周边地区的农业土地流失问题表示担忧，但日益增多的农业土地流失问题正成为全球政策辩论的核心。农业部、城镇化部门、环境和公共卫生部门出于不同的原因而希望得到同样的结果——保护农业用地，农业部为了食品安全，城镇化部门为了公共财政在基础设施上的高效支出，环境和公共卫生部门为了防止环境质量恶化，这已经不足为奇了。

但是明确问题是一回事，有能力、有效地应对问题又是另一回事。发达国家关注这个问题已将近50年。尽管社会、政治、经济条件差别巨大（包括显著的粮食过剩以及许多发达国家是粮食出口国这一事实），城市周边的农地保护措施一直是美国、加拿大和西欧国家的首要政策问题。这个问题由市民提出，他们要求政府对土地管理要有不同的视角，而不是仅仅听取注重效率的专家群体的一面之词（European Environment Agency，2006；Lewyn，2009）。

中国考虑从经合组织国家吸取经验教训，几个宏观因素会影响政策采纳及其能否成功。

也许这些因素当中，最重要的就是在所有经合组织国家中耕地是私有资源——私有财产。其结果就是，土地所有者通常控制构成土地的水土和森林的大多部分决策权，在一些国家还有地表下的矿产。此外，土地所有者也拥有关于土地租赁、出让和继承的决定权。这样，私有制给了土地所有者对于土地使用关键要素的广泛的选择权。例如，如何使用土地，甚至可以自行决定是否积极地把土地用于农业，在土地上种植什么以及何时将之用于农业。

经合组织国家的农业还必须应对农业人口老龄化的问题。城镇化和教育水平的提高意味着农民家的孩子不再像其父辈那样对务农有兴趣。而通常可以雇用的替代孩子做帮手的劳动力也在减少。这意味着在经合组织国家有一个持续百年之久的趋势，即不断提高机械化与科技在农业领域的应用，从而形成更大的农场单元，这一贯以来就被认为可以带来更高效的生产，更青睐于大型生产组织和现代化农场的公私农场信贷体系的建立，使这一趋势得以加强。

第二节　适于保护农地的方法

一、背景

可以解决农地保护问题的公共政策的选择相对有限。1970 年，一位著名的法学家提出，从广义上说，只有三种土地管理的公共政策制度——税收、法规和直接的政府行为（Williams，1970）[①]。第一种方法解决基于土地税收的农地明确使用的问题。例如，通过税收优惠或差别税，建立一套准市场信号告诉土地所有者为了满足进一步的公共目的，他们应该或不应该怎样使用土地（这超越了把土地税作为税收收入的方法）；第二种方法是土地利用法规，这在学术和政策文献中关注得最多；第三种方法认识到公共决策对土地使用的影响力（例如，土地利用中基础设施的供给），以及政府购买土地和土地权从而满足公共福祉的能力。

自 Williams 著说以来，现在我们认识到在所述三种方法之外还有其他几种制度。一是没有政府管理的土地使用自由市场。市场其实也是一种政策形式［Siegan（1970）是对基于市场的土地政策的一个较早且经典的论述］。这个自由市场中有一套健全的私有产权体系，人们可以根据市场信号交换土地和土地产权，也可

---

① Williams（1970）的类型学是众多分类中的一种，其他的分类曾在 Pearce（1980）、Guttenberg（1984）、Doremus（2003）和 Harrington 等（2004）中被提到。

以实现对土地使用的公共目标。然而，当引入市场管理的公共政策时（例如，通过土地利用法规或差别财产税来影响土地使用），折射出来的认识却是市场无法提供更多的公共产品。

在城市周边地区农地私有的情况下，个体土地私有者会理性响应市场信号。大部分情况下，市场提供给这些土地所有者的信号是土地不作为农业用地的价格远高于其作为农业用地的价格。从这个角度来说，理性响应就是推动土地从农业转作他用。问题是，个人观点（买卖双方）的逻辑性也许并不说明更广泛的社会和经济系统的逻辑性。尤其是从国内粮食安全或城市周边地区基础设施建设对公共财政的消耗角度来看，成百上千个个体土地所有者的逻辑并不等同于全社会的逻辑。这个结果就是一位学者所称的"公地悲剧"（Hardin，1968）。这个悲剧就是，当每个人追求其自身利益最大化时，结果对于作为整体的全部人口则是悲剧（如市郊农地流失）。这一过程也被理解为市场失灵的一种表现（Harriss，1980）。

在选择应对这种市场失灵的工具时，政策制定者有一系列政策工具，这些政策工具各有利弊。表 5-1 归纳了其中一些工具。下文将对表 5-1 中所列要素做简要讨论。

表 5-1　土地政策选择的（部分）分类

税收方式	a. 差异税
	b. 税收优惠
	c. 使用价值税
	d. 土地价值税（亨利·乔治税）
监管方法	a. 分区规划
	b. 可转让开发权
	c. 补偿规定
直接行为方式	a. 购买土地
	b. 购买土地权
	c. 基础设施投资

二、税收

税收政策通常侧重于减小土地所有者地产税的压力（Brown，1997）。基本原理是城镇化提高了土地价值，税收制度反映了这种价值提升。这时农地所有者被征税，好似他们的土地是城市用地，这能促使他们转换用地结构，因为他们无法承担按城市用地评估而实际却是农业用地的土地税赋。（这样的）税收政策通常允许土地所有者缴纳更低的地产税。

这种方法的优势是制定简单、易于向决策者和土地所有者解释、管理相对简单、可覆盖广泛的地理区域,并且实际实施的费用非常低。

然而,这些优势却被几个重大缺陷抵消了。最著名的说法是,土地所有者得到的好处与非农用地竞争性的市场价格所带来的好处相比较小,而且,税收政策一般利益分配对象是土地而不是人。所以,这种税制虽可减少税赋压力却没有评价是否受益人需要这样减除压力(这样做可以给土地投机者带来好处)。此外,一种税赋减除方法还要求具备公共记录维护的精确系统,从而能跟踪并监测所发放的福利。

税收方法的经验高度普及。例如,美国每个州都授权地方政府使用这种方法。但是评价显示税收政策对城市周边地区的农地保护似乎没有什么长远影响,参考Miranda和Hale(2002)关于对使用税收制度警示的讨论。

三、法规

用于土地政策的法规方法是最盛行的土地使用管理方法。自美国于21世纪初开创分区规划制度以来,世界各地的政府都在探索采用分区规划模式的方法。分区规划制度建立在几个根本概念之上。最重要的是土地使用的不兼容性,因而需要区分不同的土地利用,将之划入不同的用地区域(如农业、住宅、商业、工业)。在每个区域内,土地使用的类型符合本区域明确的目标,并对所允许的、有条件的和禁止的土地使用做出规定。"许可用途"总是被允许的。"有条件的用途"可能被允许也可能不被允许,视具体情况而定。"禁止用途"在区域内则绝不允许。农业区指定农业用途为法律优先的许可用途,其他非农业用的住宅、商业和工业用途则不能兼容。

总的来说,规制尤其是分区规划制度的受欢迎之处在于它清楚地列出了一个区域内的土地使用规划,并以一张图的形式直观呈现土地使用的预期,并附有对土地使用活动的文字说明,借助于生态、地理和城市规划方面形成已久的原则,分区法规相对比较容易构思和制定。这样一来,通过法规制定可以用较低的成本覆盖大范围的地理区域,而法规实施成本也相对较低,只需要一个机构来处理法规所授权的用地许可,以及一个对违规行为执法的体系。

尽管分区规划制度和相关的法规很有吸引力,当它们被用于保护遭受城镇化威胁的土地时,还存在很多缺点,正如分区规划制度的历史所显示,分区规划是旨在满足日益变化的社会经济环境的土地使用管理方法(Haar and Kayden, 1989)。分区规划的制度与管理结构随着土地使用、土地价值和对土地使用态度的变化,法规本身相对较容易调整,以应对这些不断变化的情况。

法规要想生效则需要有一个普遍尊重法律规范的社会环境。这就意味着大部分人都要遵守法律规范,而且必须有一个(行政与司法的)执法机制,可以有效地迅速识别并处理违法违规行为。如果法规的目的是保证土地使用兼容性,一旦出现违法的不兼容情况，法规上则无法容忍，否则法规的合理性将会受到挑战。

管理的另一个方面与贿赂有关。在土地使用许可中法规的存在为有价值的许可分配提供了一个框架。当有很大的市场压力把如农业这样低密度利用的土地转为更高密度的城市用地时，个体土地所有者会有很强的动力通过任何可采取的方式追求这种选择，包括给行政官员好处费。这在那些行政官员收入很低而好处费又高于官员工资的国家可能会成为问题。

四、可转让开发权

针对分区规划的优势，政策的设计者发明了一种方法，可以扬长避短（Jacobs, 1997; Feitshans, 2002）。

可转让开发权（transfer of development rights, TDR）是试图对私有财产进行严格的法规控制的同时又能为土地所有者提供一定程度的市场补偿。在一项分区法规中，一个地区的土地被分为两个区，即转让区和接收区。如果是农业土地，农业转让区的土地所有者由于农业用地保护的价值而使其土地利用受到限制。他们可以通过出售开发权将土地转让给接收区的土地所有者，来获得因农业用地保护而减少的那部分价值。接收区的土地所有者被允许从转让区的土地所有者那里获得相应权利，以获取比通常分区制下所允许的更高的密度开发权。土地权利转让的价格仅由买卖双方决定，并反映市场状况。政府的角色是建立和分配权利并通过开发公共数据库对这种转让进行监测。

当按设计运作时，可转让开发权的功能是：①通过基于市场（与公共相对）的补偿给土地所有者带来收入；②通过严格的土地法规实现更广泛的土地保护；③使接收区的土地开发更高效。

由于这些潜力，可转让开发权在全球范围内受到热烈追捧，但是其实施却各不相同（Renard, 2007）[①]。原因是确定转让区和接收区的规模存在困难。在实践中，许多可转让开发权的可行性研究结果是转让区规模太大而接收区太小，所以供给远大于需求。发生这种现象的原因是政策设计者知道他们想保护的区域是哪些，但是他们很不愿意在接收区指定（或者公众反对指定）更高的密度来抵消他们的保护目标。只有当有一个强大的开发市场，一个设计精良且通常规模较小的转让区，对于受保护资源的重要性有广泛民众认可，接收区的土地所有者有意愿获得相应开发权，且政治决策制定者也愿意承担风险时，可转让开发权项目才能成功（Feitshans, 2002）。

[①] Renard 的文章是"Town Planning Review, 2007, 78（1）: 103-117"中特殊问题的一部分，他的主题是"Property Rights and Private Initiatives"。

第三节 农业用地保护的经验

上述方法主要是公共部门如何应对受城镇化威胁的土地保护的问题，实际怎样操作呢？有几个比较研究的成果提供了发达国家农田保护的例证（Alterman，1997；Harrington et al.，2004）。从荷兰、法国、英国、加拿大选择的一些省和美国的几个州的方法来看，它们的经验可以被分为三大类。

农地保护最成功的国家是荷兰、英国和法国。它们农地保护之所以成功主要有以下几点：①中央政府要求地方政府制定综合用地规划，然后再实施；②一个严格的用地法规制度（分区规划制度）；③政府采购受到用途转换威胁的农业用地；④农业用地的购买价反映的是作为粮食生产用地的价格，而不是用于住房或非农商业的价格。在英国的农地保护案例中，关键要素是即使土地为私有，土地所有者也无权改变土地用途，这种权利必须由政府给予他们。

第二组也做成功了，但不如第一组，包括加拿大不列颠哥伦比亚省和美国俄勒冈州。它们保护农业土地，通过两种措施结合：①中央政府要求地方政府制定综合用地规划；②一个严格的规划许可系统（类似于分区规划制度）。

第三组最不成功，包括加拿大安大略省和美国的威斯康星州与纽约州。这些地方采用的方法与其他成功的地方相似，即中央政府要求地方政府制定地方规划。但是这并非要求制定严格的用地法规，取而代之的是，这些地方给予个体土地所有者税收优惠政策，通过降低土地税与拥地者达成不开发农业土地的明确协议。

概括来说，最成功的经合组织国家及其国内省与州所采用的方法都很相似。一般来讲，都要求地方政府制定综合规划，要有严格的用地法规系统，要有一种途径以农业用地的价值而不是城市用地的价值购买受到转换威胁的农业土地。然而，对农地保护的研究还提出一个关于城市周边农地保护政策的更为重要的观点。研究表明，有些地方在农地保护方面并不成功，主要是因为它们采用了一种特殊的政策策略。这些地方之所以采用特殊的政策策略是因为它们在农地保护方面有很强的社会共识，以及为达成这一共识而采取行动的政治意愿。因此，农地保护项目取得成功的共同因素不在于所使用的实际的政策策略或方法，而在于在希望取得成功的政治政策环境中如何利用这些策略或方法（Alterman，1997）。

下文是一系列国家、省（加拿大）和州（美国）的简要概况。表 5-2 给出了所讨论国家的一些概括性比较数据。

表 5-2　一些以国家为基础的对比统计

国家	土地总面积/平方千米	可耕作面积占总面积比/%	城镇化率/%	每年城镇化率/%
荷兰	41 528	22.0	84	0.8
法国	55 万（不含海外领地）	33.5	86	1.0
英国	24.41 万（包含内陆水域）	23.0	80	0.7
加拿大	998 万	4.5	81	1.1
美国	937 万	18.0	83	1.2
中国	9 634 057	15.0	52	2.85

注：北京研讨会之后，Needham 教授致信于笔者对表中所列数字的准确性提出质疑。他尤其提到荷兰 22%这一数据"给出了关于这一状况非常失真的信息"；他辩论称［并在其书中提到（Needham，2014）］正确的数字是 56%，这令他质疑所有国家的比较数字（2014 年 8 月 6 日 Needham 给 Jacobs 的电子邮件）。Needham 对这些数字准确性的顾虑与 Alterman（1997）的研究中的数字不谋而合，后者提到荷兰的可耕作土地为 56%，法国 58%，英国 76%，加拿大 6.7%，美国 46%。由于描述性统计学的用法不同，有些问题如果进行计算的话，采用哪种用法比较合适呢？笔者坚持使用该表中的数字，资料来源已述

资料来源：土地面积——可耕作面积和总面积数据来源：外交部网站；城市人口，http://data.worldbank.org/in-dicator/SP.URB.TOTL.IN.ZS；城镇化率，https://www.cia.gov/library/publications/the-world-factbook/fields/2212.html，http://en.wikipedia.org/wiki/Urbanization_by_country

一、荷兰

荷兰长期以来因其土地使用规划制度而备受推崇，并被广泛认可为成功实现农地保护的国家。然而，农地保护并非一项具体的规划政策，而是纳入全面的土地使用规划结构中的一个组成部分［Needham（2014）就荷兰土地使用规划制度进行了最佳和最新的探讨］。

传统上，荷兰的土地使用规划和土地开发都是由公共部门进行主导。土地所有者并不认为他们拥有把农业用地转作他用的权利。在用地规划时指定用于农业的土地依然用作农业。如果一个土地所有者想转换土地用途，但公共机构认为这个转换不可取，那么这些机构可以使用公共资金购买该土地（Alterman，1997）。转换土地用于建筑只发生在城市土地，而城区扩张只有在政府购买土地来增加市区规模或开发新镇时才会出现（Steiner，1984；Needham，2014）。整个 20 世纪 90 年代，将近 95%的用作城市扩张的农业用地都是出售给政府，而且是出于自愿。政府征收也有可能发生；出现这种情况时，农业用地的价格就是其农业利用价值。这种土地利用规划的方法所产生的结果就是荷兰的土地投机买卖现象非常少。荷兰的补偿法规定，市政府获取农业土地时，土地所有者可以获得土地与建筑物损失的补偿和收入损失的补偿。

荷兰农业用地保护方法的理由和根源要追溯到两次世界大战期间遭受的严重食品短缺（Lapping，1980）。因此，国家层面的农业土地保护政策的首要目标就

是保证国家粮食生产自给自足。荷兰大力支持农业部门，抑制城市地区的扩张只是有广泛基础的政策方法的一部分。传统上，这种政策的各个方面都享有广泛的公众支持。

二、法国

法国第一个城市规划法案于1909年由法国国民议会通过。但那时没有强制制定规划，即使制定了规划也没有赋予其法律约束力。1958年开始强制要求人口超过10 000个的城市制定规划，包括分区规划法规。

1962年颁布的规划法赋予当时的省长一项权力，即根据一个城市或一家公共机构的请求指定某个地区为"延迟发展区"（Deferred Development Zone，ZAD）。一个延迟发展区的有效期为14年，且可以延期。在延迟发展区内，市政府或公共机构有权否决任何以合同价购买土地的建议，也有权在延迟发展区公告生效一年之前以公平的市场价值通过土地征收权获得产权。这个规定只用于新兴城市、工业区和新机场这类的公共事业开发。1962~1983年法国出现了4 000多个延迟发展区（Chaline，1986）。

与此同时，法国也批准成立农业土地购买机构——法国土地管理与农业机构组织（Socients Damengement Foncierct D'etablissement rural，SAFER）。SAFER有权优先购得用于出售的农业土地，使公共部门优先成为购买者。到1980年，大约有60%的农业土地通过SAFER的优先权购得。

农业土地银行把它收购的大部分土地回售给农户。目标并不是出售给竞价最高的人，而是出售给将从土地获益的人。受此关照的购买者主要是持地很少的农户、愿意更有效地利用土地的农户，或者是因为公共目的土地被依法征用的农户，以及年轻的农户。从农业土地银行购得土地后，一块土地必须耕作15年，在极端情况下例外，但要得到农业土地银行的批准。

1964~1974年，农业土地银行购买了85万公顷土地并售出68.8万公顷。它们从市场购买了约12%的农业土地，但优先购得权带给它们的影响似乎远比这个比例数据所显示的要大得多。

另一个针对农田的政策是把大量分散的农田集中起来，这样小地产可以合并为更大的、经济可行的财产。这一政策依然在广泛运用，英语称之为"land readjustment"（土地整理），法语称为"remembrement"（Alterman，1997）。

三、英国[①]

像荷兰一样，英国长期以来因其土地使用规划制度而备受推崇。自20世

---

① 更准确来说是英格兰和威尔士，苏格兰和北爱尔兰的司法管辖不同，并不一定包含在同样的立法框架中。

纪早期开始，英国就开始有关于城镇化、城市扩张与景观管理的系统性思考，专注于当时普遍存在的城市工业污染和建设花园城市的可能性（Cullingworth and Nadin，2006）。英国土地政策的现代结构创立于1947年的《城乡规划法案》（Davies，1986）。虽然之后法律有所修订，但其基本结构和原则依然没变。至于规划过程，法案赋予地方政府主要规划责任。这些政府有权控制所有开发。所有土地转化都要有规划许可。此外，法案明确规定如果土地转换（用于开发）的许可被否决，不能申请补偿。所以，在英国的规划制度下，转换用地的权利被定义为公共利益，土地所有者不能预先认定其拥有任何转换土地的固有权利。

正如荷兰的土地政策体系，英国的土地政策也没有一个耕地保护的明确目标。还不如说耕地保护的目标是从一个包括城市控制与合理的土地使用管理的方法而来。像荷兰一样，英国也是一个地域不大的国家，而且是一个岛国，这使规划者、决策者和民众强烈意识到不受管理的城镇化的危险。

英国土地政策一个众所周知且与众不同的特征是它们的城市绿化带，城市绿化带用于限制城市扩展、阻碍城市扩张，并提供农业用地。绿化带作为规划政策的起源比1947年的法案早10年，直接起源于20世纪早期对城镇化的考虑。不过随着第二次世界大战后国家重建，它成为那个时期英国土地政策最显著的构成部分（Alterman，1997）。

虽然英国是众所周知的保护农业土地很成功的国家，但它的规划制度并没有特别针对这一成果。英国控制城市发展的土地规划制度、英国地方政府可通过分区规划自主控制土地利用的强大体系以及公众对城市控制的关注，使耕地保护成为规划制度卓有成效的结果之一。英国的做法在遏制农地发展方面被认为是成功的。

四、加拿大

（一）加拿大——安大略省

1980年加拿大安大略省以"食品土地指南"作为农业土地保护的基本工具[①]，这不是省立法机关通过的法律，而是由市政事务与住房部制定的政策指南。指南通过分区规划实施，并形成一个有层级关系的体系，以保证实际用地模式符合"食品土地指南"的规定。地方区划和土地细分规制必须符合当地规划，地方规划必须符合区域规划，而地方规划与区域规划必须经市政事务与住房部审批（Glenn，1985）。

"食品土地指南"规定，高优级的农业土地必须被标注并被分区规划为

[①] 有关加拿大政策的综合讨论参见 Cullingworth（1987）。

农业用地，像城镇扩张或农村住宅用地扩张这样的城市用地必须归为另外一类土地利用。如果某市选择保护的农业土地少于指南的要求，该市必须做出解释说明。

安大略省的农业用地保护结构是建立在已有的规划体系基础之上的，并且增加补充了部里批准的土地评价标准。理论上，省里保护农业土地的政策按照地方计划通过分区要求执行。在实际经验中，农业用地保护的操作略有不同，正如一个案例研究指出的："……对多伦多城市边缘地方市政府的考察显示政策似乎是为了保护农业土地。但是，在这些政策的实施中，人们往往把预留发展用地冠以农用地的名称……"（Bunce，1991）

（二）加拿大——不列颠哥伦比亚

不列颠哥伦比亚的农业用地供给很少，只占该省土地面积的 4%。可能正因为如此，不列颠哥伦比亚保护农地的措施比安大略省更严格。

在 20 世纪 70 年代初期，该省禁止在面积大于两公顷的农业用地上做出任何改变。受到影响的土地有正在耕种的土地、规划为农地的土地、以农地名义征税的土地及加拿大土地目录分类中 1~4 级的土地。

随后立法大幅度地改变了农业用地规划体系。新出台的法律设立了土地管理委员会，该委员会承担建立农业储备用地（agricultural land reserves，ALR）的职责。对于任何一个农地储备体系，农地只能用来耕种。其他用途必须得到土地管理委员会的特批或符合法案的许可。基本上，农地储备体系涵盖了所有加拿大土地法中 1~4 级的土地。省政府保留了对辖区内 ALR 体系的审查和一票否决权（Bray，1984）。

尽管从省级层次看，不列颠哥伦比亚省级农地储备体系与安大略省的体系明显不同，但它们确定的保护区的标准却十分相似。早期的研究（1978 年）表明该体系有效阻止了农地储备范围内的土地转换（Bray，1984）。

五、美国

（一）背景

在美国，农地保护的方法受到几个重要因素的影响，其中包括地方控制的传统和对私有财产的尊重。这些因素相互作用使每个州的农地保护策略不尽相同。此外，州的策略也受到历史、社会政治文化形态，还有各州之间相互学习方式的影响，如 Cullingworth（1993）对美国土地政策进行了基本的讨论。

地方控制。美国的宪政历史把大部分的土地使用控制权授予了州政府。尽管在实践中联邦政府的权力在过去的几个世纪里一直在增强，尤其是自 20 世纪 30 年代以来，但是地方控制的原则在美国人眼中一直都具有很强的文化价值（Jacobs，1989）。一般来说，美国人不信任中央集权和行政当局。在土地利用领域，这就意味着将权力赋予州和地方政府——县、市和村庄。21世纪初期，当城市开始快速扩张时，美国所有州都通过法律将土地利用变更的管理权限下放到城市和地方政府（Cullingworth，1993）。

20世纪60年代开始有一些变化。一些州，如俄勒冈州，感到地方政府没有利用它们的权力为全体公民的利益做出决策。因此，通过法律减少州以下政府的控制权，并把权力收回到州一级。现在50个州当中有超过12个州通过了这样的法律（Healy and Rosenberg，1979）。

私有财产。许多社会评论家会说，土地的个体所有权和控制权是美国经验的主要特点（Jacobs，1999，2009）。私有财产和地方控制权一样，是美国人的主流文化价值。所以，农地保护必须与社会普遍的价值观保持一致，即土地最好是私人所有且私有化管理，私有制对民主社会和市场经济最有利，包括土地利用在内的土地所有权的控制都会阻碍市场化进程，也会威胁民主制度（Jacobs，2010）。

（二）美国——威斯康星州

威斯康星州位于美国中北部，毗邻两大湖，处于芝加哥北部。许多年来，威斯康星州是美国的奶制品的著名生产地；该州生产比美国任何其他州更多的牛奶和奶酪。此外，威斯康星州也生产大量其他种类的农产品。

和美国其他州一样，威斯康星州也担心城市向乡村扩张会使农田保护成为问题。20世纪60年代和70年代，威斯康星州的城市经历了居民迁出和新的移民迁入的阶段。这次移民潮对于农业来说是一个问题。通常新的移民都会选择在富有生产力的土地上定居，而且他们通常会比农民拿出更多的钱来换取土地。州政府政策制定者开始担心未来能否还有足够的土地用于农业。此外，他们还焦虑于新型城市增长模式对州上存留的农场造成的土地税收负担。同美国其他的地方一样，环保主义者担心农地流失的情况，因为这会影响到绿色开阔的土地的数量。

威斯康星州通过一个自愿参与项目来进行农地保护，项目核心是通过税收减免的方式对农地所有者进行激励。这个项目也激励地方政府做出以下活动：①该项目的一个长处是对在其管辖范围做出农地保护综合协调规划；②建立一个机制来保护农地，限制农业用地被转为非农业用途；③采用特定方式鼓励农地所有者采用保护土壤和水资源的耕种方式（Johnson，1984；Coughlin and Keene，1981），整个项目的各个环节都紧密相连。

在威斯康星州的项目中，农地所有者要享受税收减免必须满足以下条件：在他们所在社区实施官方的政策，而且争取到农地保护区划（Coughlin and Keene，1981）。如果地方政府准备了一个可行的计划，土地所有者可以选择是否加入这个项目。土地所有者申请得到土地税收减免的一个条件是他们必须保证他们的土地至少 10 年均用于农业。如果土地所有者不把土地用于农业,而是将土地转化为城市用途,或者卖掉以用于城市开发,那么土地所有者将不再享受税收减免优惠,而且需要偿还他们已经享受过的优惠。

威斯康星州的方法看似很成功。自从项目启动,州里面每一个符合条件的县都采用了农业土地保护计划(总共 70 个县)。数以千计的农地所有者加入了农地保护条约,并且享受了土地税收减免优惠。但是这种方式并没有阻止农用土地转化为城市用地,尤其是那些城市附近的农用土地。城市附近的农地所有者通常不加入农地保护条约,因为他们将土地卖给非农用得到的收入远大于能享受到的税收优惠。

(三)美国——纽约州

纽约州地域广阔,有大量的农场和林地。在 20 世纪 60 年代,纽约州的政策制定者开始担忧本州的农业用地保护。来自纽约市和州内其他城市的城市扩张造成了大量农业用地的转换。农业土地被转化为分散的、低密度的城市用地。正如在其他州一样,政策制定者担心,持续的农地转换最终将对本州的农业经济造成威胁。此外,环保主义者担心,农地转换会减少城市附近的绿化空地的数量。

纽约州用于农地保护的方法与其他大多数州的方法是非常不同的,这是一个很大程度上严重依赖于激励措施以及农地所有者自下而上的组织方法。纽约把农业用地保护方法称为农业分区,它有三个主要组成部分:把参与农业用地保护的农地所有者组织分成农业区,降低农业区内农地的土地税,以及实施所谓的农民的农业权利法(right to farm law)(Coughlin and Keene, 1981)。该项目的其中一个优点是这些元素是连接在一起的。

这一分区方案鼓励农地所有者自愿联合起来竭力保护农业用地以防止农地被转作他用。500 亩以上的农地业主可以请求将自己的土地划为农业区。一旦获得批准,就可以享受税收减免。另外,州政府和地方政府必须在规划中优先考虑农业用地。

纽约州的农地保护方法的独特之处在于它让农业土地所有者自下而上地组织起农业区,它不做强制性要求。与此相反,它为处在公认的农业区内的农地所有者提供了激励机制。人们期望这些激励机制可以强大到足以吸引农地业主成立农业区,从而减慢或阻止农业用地转变为非农用途。

纽约州做法有得有失。它的成功在于它在全州范围内创造了大量的农业区。然而,这种方法并没有降低农业用地转化率。这个项目提供的激励措施比不上农地所有者通过将他们的土地转换为城市用途所得到的收益。因此,尽管有很多农业区存在,农业用地的转换在很大程度上并不受这一项目的影响而继续进行。

（四）美国——俄勒冈州

俄勒冈州位于美国的西北角，该州南边是加利福尼亚州，西边是太平洋，北部是美国最西北的州——华盛顿州。在20世纪60年代俄勒冈州开始经历重大的城市发展。这种增长有两个原因，人口从俄勒冈州的城市中心迁移到城市边缘，以及人口从其他州迁移到俄勒冈州，常常也是迁移到城市边缘地区。这种城市增长使人们形成了一种共识，即城市增长正威胁着某些关键的自然资源，包括城市附近的农地，以及现有的土地利用规划无法应对新的形势。人们对农业用地流失的担心是与保持俄勒冈州的农业经济健康，保持城市附近具有足够的绿地等紧密相关的。

为应对这一情况，俄勒冈州在州一级制定了一套综合的增长管理系统。该系统是美国最早的管理系统之一，涵盖了农地保护和遏制城市增长（Coughlin and Keene，1981；Howe，1993；Adler，2012）。俄勒冈州的农地保护方法被公认为最有效的方法之一（Nelson，1992；Adler，2012）。

俄勒冈州土地利用法案概述了10个土地利用政策和规划的目标。所属市、县均被要求在当地的规划中纳入这些目标。通过这种机制该州建立了在土地利用规划中的强势角色。然而，土地利用的实际规划发生在地方。因此，俄勒冈州的土地利用规划是州政府和地方政府的共同责任（Howe，1993）。

州土地利用规划法还创建了一个管理该法律的全州委员会，以确定目标能够得以实现。该委员会是俄勒冈州土地利用规划的政策主体，并监督全州土地利用规划系统的状态。根据该法规定，其最重要的职能之一是保证地方政府完成法律建立的10个目标（Coughlin and Keene，1981；Howe，1993）。州委员会对地方规划的内部一致性（州的目标与地方规划目标之间的一致性）及与其他地方开发规划的连贯性进行审查。此外，委员会也对地方规划进行定期审查，以确保与不断变化的地方情况和/或国家政策相符合。

俄勒冈州使用三种措施来保护农业用地：①要求制定当地规划，必须承担起部分州目标，并与相邻政府的地方规划保持一致；②分区规划；③城市增长边界，要求地方规划能够有助于保护农业用地，因为农地保护是其中一个州目标。因此，每一个地方规划必须绘出农地，并提出防止被转为非农业用途的措施。分区规划是保护已经在当地规划中确定的农业用地的主要机制。分区法规是地方法律，它建立了使用农业用地的具体规则，以及在什么条件下该土地可转为非农业用途（如果有的话）。城市增长边界线，清楚地显示了城市发展的法定限制。所有城市都需要对自己未来20年的发展进行预测，然后划定城市增长不可超越的边界线（Howe，1993）。

这些方法共同实施用于保护农业用地。城市增长边界保持城市的土地利用仅限于已定义的限制范围内。这样做的结果是减少了以城市用地为基础的市场对农地的压力。因此，城市增长边界间接地保护了农业用地。地方规划和分区规划直接地保护了农业用地。它们确定农业用地的位置，并落实行政法规，以保持土地的农业用途。

俄勒冈州的农地保护方法深受美国各地的钦佩，这一方法也被广泛认为是有效的。但是美国其他州很难复制俄勒冈州的做法，主要是因为这一做法依赖于权力的集中。

六、自然资源管理

农地保护和自然资源管理的方法既有相似也有不同。在自然资源（如林地）私有的情况下，相似性是最强的。在自然资源由国家、州或地方各级政府公有时，区别是最大的。

在自然资源（如森林）私有情况下，政府使用与农地保护相同的一套政策，见"税收方式、监管方法、直接行为方式"。当被用于自然资源管理时，这些政策手段往往也具有其用于农地保护时相同的优点和缺点。

当自然资源（如森林）公有时，同样有效的管理则面临着不同的挑战。大多数时候，这些都是部门之间冲突的结果。不同部门对自然资源的态度反映了它们部门的意愿。例如，环境部将森林看作生物保护区，并希望将其生态价值最大化；而自然资源部则将森林看作木材的生产资源。这些不同的视角引起的各类自然、历史及文化元素方面的冲突应当被重视。

第四节　未　　来

城市周边地区农业用地保护的土地政策的未来——无论是在发达国家还是在发展中国家，无论是在形式还是方向上——都还不清晰、不确定（Jacobs，1992）。土地政策的结构是自我矛盾的，有两种力量同时把它往两个不同的方向推动。一方面，赋予个人对产权的强大控制并由市场主导土地利用决策这一方式并不成功，导致现代土地政策的出现；另一方面，全球在公共政策上又重新依赖市场机制，并再次承认强有力的私有产权所带来的社会效用（Kayden，1992；Jacobs，1999；Pirard，2012）。

以市场为基础的方式的显著性表现为私有产权运动的崛起（Jacobs，2010）。20世纪80年代末的这一运动实际起源于20世纪70年代早期。产权运动主张私有制在管理与市场中的核心地位。受17~18世纪理论家的著作的启示，私有制的拥护者认为，西方社会是在私有制作为国家设计和经济的基本要素的前提下建立起来的，如果私有制被现代土地使用法规和政策严重侵犯，那么这些结构的本质便遭到威胁。所以，有必要尽可能多地消除政府管制，从而使个体所有者和市场来决定最优的土地使用关系。

这一私有产权运动的影响深远。在美国，这一运动推动并获得了重大联邦立法的通过，其主张还在国家和州级层面重塑了关于土地利用与环境问题争议的本质。此外，这一运动还使人们深入思考西欧国家的土地政策（Jacobs，2012），对私有制的本身与市场和民主的关系的认识，也影响着国际机构（如世界银行）在世界各国推行的改革（de Soto 于 2000 年做出的这个论断尤有影响力）。

但是，伴随更多私有财产和个体业主及市场驱动的土地使用管理体系的问题是，它又回到了农业土地保护问题的开始。农业土地保护出现危机是因为个体土地所有者理性响应市场信号，做出出让土地的决定，导致土地流转。这种决定对个体土地所有者有益，而不管是否符合更大的社会利益。所以，在某种程度上以更多的市场驱动和私有产权作为解决农业土地损失问题的方法时，带来的可能的结果是土地损失率并无变化。

1989 年以后，中东欧国家经历了重大变革。伴随这些变革，人们可以自由搬迁。这是一种重要的象征性的自由。此外，许多国家力图加强个人的主动性，启动各种类型新住房项目，建立私有产权系统。在许多人看来，试图通过规划和法规来控制住房似乎反映了中央集权国家的管理方式。并且要有行政主体才能够实施这样的权威。由于政治变革，许多国家因财政危机缺乏人员，缺乏对土地实施控制的行政合法性，而且缺乏训练有素的适用于它们国家状况的政策方案（即使那些方案已经很明确）。

在这一背景下，一位关注波罗的海国家的观察家对公共部门土地政策成功的可能性表示怀疑："由于转向市场经济且私有制变成主导，很难想象这些地方政府能比西方更成功地控制其业已出现的城市扩张。事实上，经验不足和巨大压力可能很快会导致更糟糕的后果。"（Grava，1993）同样地，Maier（1994）也深思捷克从西方经验中可以学到什么。他的结论是："现在认为在发达国家演变而来的与市场和富裕社会相适应的规划模式能自然而然地运用到原社会主义国家不够富裕的环境中。"对于 1992 年后俄罗斯"休克疗法"的过程，一位学者称之为"反公地悲剧"（Heller，1998）。

中国能借鉴经合组织国家的经验吗？最重要的教训是，在最佳环境下，制定并实施防止农业土地被不当转换的政策是可行的。但是直接的"拿来主义"可能行不通。西欧国家的经验表明，农地保护的问题可以得到解决，但是只有当对政策的形成基础达成清晰共识时才能实现，这包括产权的本质（谁拥有产权，谁来规范产权的行使）、理想的土地使用与开发模式，以及城乡关系。

最终，有关受城镇化威胁的农业土地政策的未来的问题并没有一个明确的答案。随着城镇化继续，农业土地将持续受到威胁。这是个问题吗？许多人认为不是。主流观点依然认为城镇化下的土地流转是一个合理的现象，而且由于农业管理、技术与生物创新的作用，不至于出现任何粮食危机。另一种观点则从粮食生产、城市形态与公共财政管理、环境资源管理的角度出发，认为这是一个问题。

中国需要开创自己的农业土地保护政策的方式。农业土地是独特的自然资源，对一个国家的经济与社会安全至关重要。市场体系本身并不足以解决充分的农业土地用量需求。市场鼓励个体土地所有者最大化其自身利益，但不考虑更大的社会利益。由于土地的一些独特性，这往往意味着如果缺乏公共干预与引导，那么一个国家的农业土地基础将会收缩并恶化。

人们很容易对土地政策的未来持怀疑态度，尤其当这一政策要处理像城市周边地区的农业土地保护问题时，这些地区面临土地使用转变的巨大压力，土地所有者和使用者有强大的动力要促成这种转变，管理土地转变的制度环境也不明确。如果袖手旁观，那么当前农业土地损失的问题一定还会继续。试图做些努力并不会让目前的状况更糟。所以，为什么不放手一试，在制度环境允许的条件下尽可能地创新土地政策方案？

农业土地保护和自然资源的可持续管理是大多数经合组织国家的关注问题。但对此问题关注的原因各不相同。城镇化的一般模式、不断增长的人口带来的新住房的压力以及对地方经济发展的渴望，都使农业土地保护与自然资源管理难以实现。

在经合组织国家中，有各种防止或最大限度地降低农业土地因城镇化流失的成功例子。这些国家的确存在使农地保护"最成功"的一些政策结构。然而，对农地保护的强大的社会、政治及政策共识比任何特殊的政策方法都更加成功。

参 考 文 献

Adler S. 2012. Oregon Plans: The Making of an Unquiet Land-Use Revolution. Corvallis: Oregon State University Press.

Alterman R. 1997. The challenge of farmland preservation: lessons from a six-nation comparison. Journal of the American Planning Association, 63（2）: 220-243.

Angel S. 2012. Planet of Cities. Cambridge: Lincoln Institute of Land Policy.

Bray C E. 1984. Canadian provincial farmland protection//Steiner F R, Theilacker J E. Protecting Farmlands. Westport: AVI Publishing Company: 243-261.

Brown H J. 1997. Land Use & Taxation: Applying the Insights of Henry George. Cambridge: Lincoln Institute for Land Policy.

Bunce M F. 1991. Local planning and the role of rural land in metropolitan regions: the example of the Toronto area//Dort G, Berg L, Groenendijk J G, et al. Limits to Rural Land Use. Proceedings of an International Conference Organized by the "Commission on Changing Rural Systems" of the International Geographical Union (IGU), Amsterdam, Netherlands, Centre for Agricultural Publishing and Documentation (Pudoc): 113-122.

Chaline C H. 1986. France//Patricios N N. International Handbook on Land Use Planning. New York: Greenwood Press: 283-294.

Clark D. 1998. Interdependent urbanization in an urban world: an historical overview. The Geographical Journal, 164 (1): 85-95.

Coughlin R E, Keene J C. 1981. The Protection of Farmland: A Reference Guidebook for State and Local Governments. Washington: U.S. Government Printing Office.

Cullingworth J B. 1987. Urban and Regional Planning in Canada. Piscataway: Transaction Publishers.

Cullingworth J B. 1993. The Political Culture of Planning: American Land Use Planning in Comparative Perspective. New York: Routledge Inc.

Cullingworth J B, Nadin V. 2006. Town and Country Planning in the UK. 14th ed. London: Routledge.

Davies H W E. 1986. England and wales//Patricios N N. International Handbook on Land Use Planning. New York: Greenwood Press: 295-332.

Davis M. 2006. Planet of Slums. London: Verso Press.

de Schutter O. 2011. The green rush: the global race for farm land and the rights of land users. Harvard International Law Journal, 52 (2): 503-559.

de Soto H. 2000. The Mystery of Capital: Why Capitalism Triumphs in the West and Fails Everywhere Else. New York: Basic Books.

Doremus H. 2003. A policy Portfolio approach to biodiversity protection on private land. Environmental Science & Policy, 6: 217-232.

Eigenbrod F, Bell V A, Davies H N, et al. 2011. The impact of projected increases in urbanization on ecosystem services, proceedings of the royal society. Biological Sciences, 278 (1722): 3201-3208.

European Environment Agency (EEA). 2006. Urban Sprawl in Europe: The Ignored Challenge.

EEA Report No10/2006. Copenhagen: EEA.

Feitshans T A. 2002. PDRs and TDRs: land preservation tools in a universe of voluntary and compulsory land use planning tools. Drake Journal of Agricultural Law, 7: 305-340.

Gardner G. 1996. Shrinking Fields: Cropland Loss in a World of Eight Billion. Worldwatch Paper. Washington: Worldwatch Institute.

Glenn J M. 1985. Approaches to the protection of agricultural land in Quebec and Ontario: highways and byways. Canadian Public Policy, 11（4）: 665-676.

Grava S. 1993. The urban heritage of the soviet regime: the case of Riga, Latvia. Journal of the American Planning Association, 59（1）: 9-30.

Guttenberg A Z. 1984. The elements of land policy-toward a comprehensive classification. Ekistics, 51（1）: 13-18.

Haar C M, Kayden J S. 1989. Zoning and the American Dream: Promises Still to Keep. Chicago: Planners Press.

Hardin G. 1968. The tragedy of the commons. Science, 162: 1243-1248.

Harrington W, Morgenstern R D, Sterner T. 2004. Choosing Environmental Policy: Comparing Instruments and Outcomes in the United States and Europe. Washington: Resources for the Future Press.

Harriss C L. 1980. Free market allocation of land resources: what the free market can and cannot do in land policy//Woodruff A M. The Farm and the City: Rivals or Allies. Englewood Cliffs: Prentice-Hall: 123-144.

Healy R G, Rosenberg J S. 1979. Land Use and the States. 2nd ed. Baltimore: Johns Hopkins University Press.

Heller M A. 1998. The tragedy of the anticommons: property in the transition from Marx to markets. Harvard Law Review, 111（3）: 622-688.

Hertsgaard M. 1997. Our real China problem. The Atlantic Monthly, 280（5）: 97-114（non-inclusive）.

Howe D A. 1993. Growth management in oregon//Jay M. Growth Management: The Planning Challenge of the 1990s. Newbury Park: Sage Publications: 61-75.

Jacobs H M. 1989. Localism and land use planning. Journal of Architectural and Planning Research, 6（1）: 1-17.

Jacobs H M. 1992. Planning the use of land for the 21st century. Journal of Soil and Water Conservation, 47（1）: 32-34.

Jacobs H M. 1997. Programmi di trasferimento dei diritti edificatori in USA: oggi e domani. Programs for the Transfer of Development Rights Programs in the U.S.: Present and Future. Urbanistica No. 109: 62-65.

Jacobs H M. 1998. Who Owns America? Social Conflict Over Property Rights. Madison: University of Wisconsin Press.

Jacobs H M. 1999. Regolazioni basate su meccanismi di mercato in un sistema di governo decentro (market-based regulatory approaches in a system of decentralized governance) //Cuti F. Urbanistica e Fiscalità Locale: Orientamenti di Riforma e Buone Pratiche in Italia e all' estero. Milan: Maggioli Editore: 135-150.

Jacobs H M. 2009. U.S. private property rights in international perspective//Ingram G K, Hong Y H. Property Rights and Land Policies. Cambridge: Lincoln Institute of Land Policy: 52-69.

Jacobs H M. 2010. Social conflict over property rights: the end, a new beginning or a continuing conversation. Housing Policy Debate, 20 (3): 329-349.

Jacobs H M. 2012. Talking about property rights over tea: discourse and policy in the U.S. and Europe//Hartmann T, Needham B. Planning by Law and Property Rights Reconsidered. Burlington: Ashgate: 71-96.

Johnson J A. 1984. Wisconsin's Farmland Preservation Program//Steiner F R, Theilacker J E. Protecting Farmlands. Westport: AVI Publishing Company, Inc: 147-159.

Johnson M P. 2001. Environmental impacts of urban sprawl: a survey of the literature and proposed research agenda. Environment and Planning A, 33: 717-735.

Kayden J S. 1992. Market-based regulatory approaches: a comparative discussion of environmental and land use techniques in the United States. Boston College Environmental Affairs Law Review, 19 (3): 565-580.

Lapping M B. 1980. Agricultural land retention: responses, American and foreign//Woodruff A M. The Farm and the City, Rivals or Allies. Englewood Cliffs: Prentice Hall: 145-178.

Lewyn M. 2009. Sprawl in Europe and America. San Diego Law Review, 46: 85-112.

Maier K. 1994. Planning and an education in planning in the Czech Republic. Journal of Planning Education and Research, 13 (3): 263-269.

Miranda M L, Hale B W. 2002. A taxing environment: evaluating the multiple objectives of environmental taxes. Environmental Science and Technology, 36 (24): 5289-5295.

Needham B. 2014. Dutch land use planning: planning and managing land use in the Netherlands, the principles and the practice. Planning Theory, 8 (4): 382-384.

Nelson A C. 1992. Preserving prime farmland in the face of urbanization: lessons from Oregon. Journal of the American Planning Association, 58 (4): 467-488.

Ortiz F. 2002. Biodiversity, the city, and sprawl. Boston University Law Review, 82: 145-194.

Pearce B J. 1980. Instruments for land policy: a classification. Urban Law and Policy, 3 (2): 115-155.

Pirard R. 2012. Market-based instruments for biodiversity and ecosystem services: a lexicon.

Environmental Science & Policy, (19~20): 59-68.

Renard V. 2007. Property rights and the transfer of development rights: questions of efficiency and equity. Town Planning Review, 78 (1): 41-60.

Siegan B H. 1970. Non-zoning in Houston. Journal of Law and Economics, 13 (1): 71-147.

Steiner F R. 1984. Farmland protection in the Netherlands//Steine F, Theilacker J. Protecting Farmlands. Westport: AVI Publishing Company: 275-290.

Tom D, Bowers D. 1997. Holding Our Ground: Protecting America's Farms and Farmland. Covelo: Island Press.

United Nations, Department of Economic and Social Affairs, Population Division. 2014. World Urbanization Prospects: The 2014 Revision, Highlights.

Williams N. 1970. The three systems of land use control. Rutgers Law Review, 25 (1): 80-101.

第六章 住房政策和土地问题
分析视角——东亚经验[①]

> 理解事物的起源通常是揭示其奥秘的最佳线索。
>
> ——特伦斯·迪肯（Terence Deacon）

第一节 引　　言

20世纪后半叶以来，在世界范围内住房政策的制定经历了许多改变。但是住房保障政策的核心原则并未改变，即每一个社会成员均应达到全社会最低住房消费水平。全社会最低住房消费水平在不同国家是不同的，即便在同一国家内，也会根据国家发展水平和当时占主导地位的政治观点随时间而变化。

国务院发展研究中心（以下简称国研中心）提出了相当全面的讨论议程，包括住房政策的形成、政府角色、住房政策等[②]。国研中心也提出一丝担忧，国内学界部分人可能误读了国际经验，或可能混淆了这些政策研究方法的转化与其最初的应用。

考虑到中国经济发展阶段和不同省市之间城市发展的多样性，要回应国研中心这些广泛的问题和担忧具有一定的挑战性。中国已经成为一个处于快速城镇化进程中的上中等收入国家，经济正面临着改革开放40年以来投资驱动型增长模式向新的、更平衡的需求驱动型增长的重大转变。与此同时，中国的住房仍处于

[①] 本演讲发表于2014年5月31日至6月1日国务院发展研究中心和北京大学-林肯研究院城市发展与土地政策研究中心在北京联合举办的"土地管理制度：国际经验"的研讨会。作者 Bertrand Renaud 博士曾是世界银行的住房金融顾问。

[②] 国研中心提出的问题是：住房政策是如何制定的，以及从哪些社会和经济方面考虑政府干预更加合理？政府和市场在提供不同类型的住房（如廉租房、商品房等）时的角色是什么？政府能够采取的有效为低收入群体提供住房的措施有哪些？中国应该吸取怎样的经验教训？政府怎样为低收入住房和商品房提供土地？土地供应和住房价格之间的关系是什么？住房财产税及土地财产税的考虑和实践是什么？政府对住房相关的土地利用规划和控制实施何种政策？在每个国家，住房政策和实践是怎样随着时间而发展的？

从计划经济向市场经济转变的多层过渡过程中,与西方(如美国)的大型住房制度相比,具有截然不同的体制和社会经济背景。我们在过去几十年对经济发展、城镇化、房地产行业表现的分析有了非常显著的进步,对国际经验的评估也受益于此。然而,针对不同国家使用相似的分析工具,并不意味着得到的政策总是相同的。正如达尼·罗德利克(Dani Rodrick)提醒我们的:经济学或许只有一个,但是配方却有许多(Rodrick,2007)。

现有分析基于以下几个前提。第一,住房系统表现越好,住房保障政策的负担越轻。第二,住房系统最好在相似的经济发展阶段进行比较[1]。第三,有效的住房保障政策设计不能脱离对整个住房系统的整体结构及绩效表现的充分诊断。政策对住房系统的干预恰似医疗对人体的治疗。第四,住房系统是一个大型的交互结构,具有复杂的、互动的有机组成。对整个结构的理解是健全且有针对性的住房保障政策的前提。否则,正如佛教的寓言"盲人摸象"那样,我们将可能出现严重误读。

与其"照单点菜"式地讨论一些完全城市化的西方高收入国家,我们不妨比较现阶段中国[2]与五个东亚国家和地区(日本、韩国、新加坡、中国台湾、中国香港)在经济增长起飞阶段的住房系统的经验。这样做有许多原因。在一个国家和地区的整个发展周期中,城市增长只有在"经济增长起飞"这一发展阶段最为迅速。也正是在这一阶段,我们今天所观察到的现代住宅系统得以奠基。这五个国家和地区的早期经验与当代中国比较,能够为中国当下面临的住房政策挑战提供借鉴,同时是跨越六个东亚经济体的比较统一的分析。然而,除了东亚的一致性之外,我们也应该看到第二次世界大战后东亚各国及地区一开始在经济增长模式方面的差异导致了各国及地区截然不同的初始住房策略,而这些策略对东亚地区住房系统有着深远的影响。

本节所谈到的"经济增长起飞阶段"具体是什么时期?发展经济学表明经济增长和发展有两个主要阶段(Rodrik,2005)。第一个阶段是快速增长起飞阶段,直到该经济体达到人均 GDP(国内生产总值)以购买力平价计算为一万美元左右。第二个阶段的特点是当一个国家达到高收入水平且完全城市化之后,转变为缓慢且可持续的长期增长。在这两个阶段之间,其关键的"增长转型"期,通常被发展经济学家称为"中等收入陷阱",具有较高的政治和经济风险,许多国家都没能成功跨越。中国现在正面临着这种具有不确定性和风险性的增长转型。其他五

---

[1] 中国今天面临的挑战,是多年的住房系统高增长和这一系统自 1998 年历史性改革之后的加速扩张,显著地恶化了收入分配均衡,导致住房负担能力的降低和新增保障性住房占年度住房总投资份额的下降。因此,新一届政府,习近平主席和李克强总理,推动了政府管理绩效评价由过分强调高 GDP 增长率转向更为注重贫困居民的生活水平和更高的环境质量。

[2] 本章所涉及的中国概念,不论是统计数据还是区域范围,都不包括港澳台在内。

个东亚经济体没有陷入中等收入陷阱。它们现在均已成为城镇人口比重高于75%的发达经济体，而且在整个经济体中住房通常是占比最大的资产类别。

本章主要包括三个部分。第一部分证明了选择东亚体系与中国比较的合理性。在150个经济体中，只有13个在第二次世界大战后取得了非常快速的、持续的增长起飞。在这13个经济体中，只有5个东亚经济体成为发达经济体，而这5个经济体有着类似的显著特征，使比较分析具有了统一的基础。第一部分介绍了这5个经济体选择的发展战略如何导向4个截然不同的东亚地区住房策略。

第二部分详细比较分析东亚地区的住房机构和政策奠定的基础。这部分讨论了经济增长起飞直接影响住房政策制定的三个主要方面。

第一，这一部分强调经济增长和城市发展之间的功能二元性，并将如今高速发展的中国与其他五个东亚经济体先前具有类似经济发展的时期进行对比，结果表明在快速增长起飞的过程中，东亚经济体城市人口比例高于50%。中国城市化水平在2011年突破了50%。这一城镇化指标具有多层经济含义，且自从阿瑟·刘易斯20世纪50年代的开创性工作伊始，发展经济学家就对其进行了建模和分析。它标志着城市人口集聚的峰值速率，并标志着"增长转型"的开端，以及住房市场的多元化和深化。对住房而言，增长起飞时期是超越传统乡土住房的城市公共住房系统制度形成的时期。

第二，与公共住房政策特别相关的是，在6个东亚经济体的经济起飞时期已经出现了土地价格的大幅上涨。土地价格的快速上扬对住房的可支付能力形成了巨大压力，并引发了公众强烈的政策反应，对东亚经济体住房体系的制度和管制结构产生了深远的影响。东亚经济体（包括中国）经济起飞期的土地房屋价格大幅上涨和日本、美国房地产泡沫的一个重要区别是，东亚经济体的土地价格暴涨发生在城镇化过程中，而日本和美国的房地产泡沫发生在城镇化过程完成后。

第三，实现住房政策多元化和地方化的技术、政治压力在增长过渡期显著增加。这些压力反映了城市中产阶级的崛起与城市价值的多元化。增长转型期是社会经济转型深化期，这也是目前东亚住房制度得以出现的时期。

第三部分旨在指出中国住房系统与其他5个东亚经济体在经济起飞时期的住房结构差异。住房制度和政策具有路径依赖性，东亚经济体房地产业组织与结构的雏形在经济起飞阶段业已成型。在增长的第二阶段，住房系统已颇具规模，此时的政策改革更偏向于渐增。这些分析基于世界银行根据大量发展中国家的长期住房经验所总结出的诊断框架。住房保障政策源于国家和地方住房政策的动态结构，并取决于所谓的"住房七大支柱"的强度。

当今中国住房系统的结构，源于1980~2010年这30年中国经济起飞过程中形成的新型城市住房系统。与其他5个东亚经济体相比，中国住房制度的特殊之处在于其形成受到行政管理体制的重要影响。中国如今开始"增长转型"，为此作为结论的第四部分特别指出，中国住房体系独特的结构性问题是改革需要面临的挑战。迎接这一挑战没有东亚或其他国际先例可以借鉴。特别是两个关键的但并非传统住房政策领域的改革，对中国住房体系的表现具有深入影响，并决定着住房保障项目的涉及范围。这两项改革分别是：完全消除现有户口登记制度造成的隔离，消除为现有政府间财政金融系统所扭曲的城市影响（可以追溯到1994年中国的经济体更小更简单之时）。这两个政策挑战是中国发展转型期的经济政治风险的一部分，当然其他挑战也同样存在。

第二节 初期增长条件和东亚住房系统

一、增长和发展的东亚及国际经验

日本、韩国、新加坡、中国台湾、中国香港这五个东亚经济体在第二次世界大战后的经济增长在世界范围内占据了显著位置。2008年斯彭斯国际增长委员会总结经济发展的国际经验教训时发现，150个经济体中只有13个经历了25年及以上的超过7%的实际GDP年增长率。在这13个经济体中，仅有5个东亚经济体成为高收入的发达经济体[①]。其余8个经济体中仍面临"中等收入陷阱"，包括亚洲的中国、印度尼西亚、马来西亚、泰国和拉丁美洲的巴西，以及人口少于400万的其他3个相对较小的经济体。除此13个经济体之外，没有一个经济体在第二次世界大战后能够取得如此显著的经济增长。

二、东亚经济体的三个独特特征

东亚经济体具有三个特有的自然、文化与制度特征。这些经济体在全国和农村范围内均具有很高的人口密度，远远高于大部分西方经济体，并且都深受中国影响，尤其是儒家思想对公共和私有机构治理，以及公共和私人行为的主流规范都具有长远影响，这促使了"发展型国家"的产生。在第二次世界大战之后，这种强有力的"发展型国家"对政策的持续起到了关键性的作用，带来了尤为快速的增长起飞。

（一）高且上升的东亚人口密度

图6-1表现了中国、日本、韩国和中国台湾等国家和地区人口密度演变过程。国家和地区层面的人口密度很大程度上低估了城市的情况。日本和韩国都是山

[①]《发展报告：可持续增长与包容性发展的战略》（2008年5月）。斯彭斯国际增长委员会在诺贝尔奖获得者Michael Spence的带领下为此工作2年。

地国家，只有 1/5 的土地是坡度小于 15°的可耕作平原或城市。除去中国香港和新加坡，中国台湾的总人口密度是这几个经济体里最高的，但它的山地面积比日本和韩国小，约 45%的土地是耕地或城市，图 6-1 显示其人口密度在 2010 年前仍在逐步提高，但预计在 2020 年达到稳定。东亚经济体最明显的特性是农村人口密度非常高，是西方经济体和世界上其他国家的几倍[①]。东亚自 1950 年以来的成功增长策略，建立在劳动密集型工业化发展初级阶段的高农村人口密度和其经济规模之上。

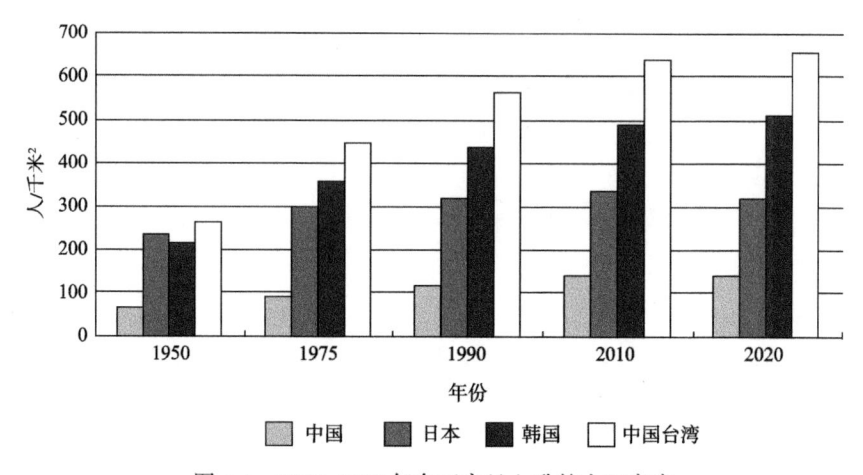

图 6-1 1950~2020 年东亚高且上升的人口密度

与东亚的普遍高密度相比，西方各国的土地密度不尽相同。图 6-2 为 6 个西方国家在 1950~2020 年的土地密度水平和增长情况，只有荷兰的密度与韩国和中国台湾相当，但荷兰是一个没有山地、地势平坦的国家。其他西方国家中，加拿大的总密度极低，甚至无法在图 6-2 中体现。2010 年加拿大的总人口是 3 401 万人，面积是 998 万平方千米。相比之下，中国的重庆有 2 880 万人口生活在 8.2 万平方千米的土地上，土地面积仅为加拿大的 1/110。

高且上升的城市密度对住房有重要影响。但是，高密度的经济后果仍需要在单一国家内，或者在少数几个国家之间比较分析。戴维·迈尔斯（Miles，2012）曾表明在英国"人均收入的继续上升和人口增长的影响是非线性的，且会更多地表现在价格上"，其对于东亚国家此类价格动态的理解同样并不充分。

（二）"东亚"的意义是什么？

东亚社会具有独特的文化共性。东亚文明国家在历史上将古汉语和文字作为其高雅文化的重要媒介，并且在一定程度上同时接受了大乘佛教和新儒家思想。

---

① 关于比较韩国和美国的国家密度和城市中密度的土地利用和土地价值经济分析，参见 Ingram（1980）。

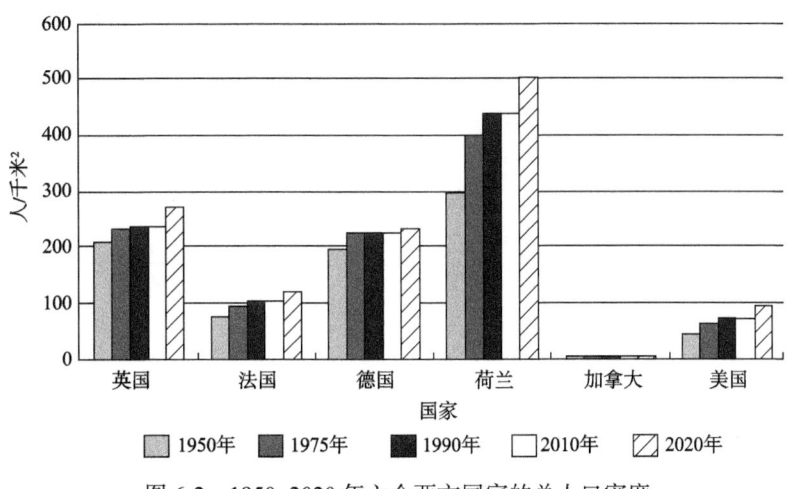

图 6-2　1950~2020 年六个西方国家的总人口密度

有四个国家满足这些条件，即中国、韩国、日本和越南，也恰好就是东亚"这种高雅文化提供了教育系统的文化规范……这个网络提供了中国、日本、韩国、越南产生多元化族群的共同土壤，并联合了这些极其多样化的文化。""儒家传统的理念对公众和私人领域有深刻而持久的影响，它们的影响力至今仍然存在。"（Ramsey，2013）

（三）"发展型国家"

体现了儒家传统的"发展型国家"具有强势的政府，起源于第二次世界大战之前的日本，并在第二次世界大战后传播到东亚新兴经济体。"发展型国家"具有实施与持续工业化和其他公共政策的能力，促进了其在过去几十年快速的经济腾飞。笔者关于"发展型国家"的组织和它推行的政策有广泛的研究和讨论，最终对于东亚"发展型国家"政策方针的一个简洁描述是："发展的秘密似乎在于分配稀缺资源的市场理性及对处于发展历程中国家的综合战略指导的组合，同时保持国家相对自主性高于特定群体的利益。"（Castells et al.，1990）

三、快速城镇化和东亚城市大众住宅系统的形成

东亚地区近几十年的高增长见证了从传统民居向有组织的大规模城市住房系统的转变，这是基本法律和监管框架形成的时期，也是住房和整个房地产行业信息系统发展的时期。

东亚劳动密集型的快速工业化创造了有史以来最高的"城镇化速度"。"城镇化速度"旨在衡量特定时期国家城市人口增长率和农村人口增长率之间的差值。城镇化速度较高，意味着城镇的快速集聚，以及城市和新兴的房地产体系面临着的巨大压力。

城市人口增长率与城镇化速度存在区别，后者能够更好地反映整个国家人口向城市集中的速度。韩国的城市人口增长速度非常快，在1955~1975年达到年均5.53%，并在1965~1970年达到峰值6.63%。韩国的城镇化速度在1985~1990年达到了峰值8.2%。中国在1980~1985年城市化率达到峰值4.78%，而城镇化速度在2000~2005年达到峰值5.59%。高城镇化速度反映出社会经济转型的深化。

四、第二次世界大战后东亚的四个不同住房策略选择

不能因为共同的价值观基础和对基于快速工业化增长策略的追逐，就错误地认为东亚具有统一的住房策略。事实上，东亚地区的住房政策有着显著的差异。在第二次世界大战后的几十年里，在不同国家和地区的经济策略中住房部门的受重视程度差别显著，结果导致六个东亚经济体住房供应的组织形式截然不同，同样也不能单凭西方国家过去的经验就认为东亚的住房政策是完全经济理性的产物。这些住房政策是由当时依据主导的经济和社会理念制定的主要法律决定的，充斥着大量受到国家高度干预的碎片化决策。考虑到法律和制度的路径依赖，这些策略已经是构成当今住房体系的主要方式。第二次世界大战后30年的时间内，在东亚地区可以发现以下四种完全不同类型的经济体住房策略。

（一）日本和韩国的需求转向和住房相对投资不足

日本在1925年后，居民储蓄转向工业投资反映了作为战争经济的管理。第二次世界大战后重建可以看到这些政策的延续。在朝鲜战争结束后，韩国紧随着日本的策略促使投资远离消费，以加快工业化和基础设施投资。作为国内非贸易、非工业商品的住房同样也是"消费"的一部分。其后果之一就是住房和城市服务的供给滞后。日本在1973年达到了户数和住房单位总数之间的基本平衡，而韩国在2002年才实现这一平衡。这两个国家均在经历经济起飞阶段之后才实现这一里程碑式的目标。

（二）中国台湾基于市场机制和收入均等化与均衡增长收益的温和干预住房政策

中国台湾奉行非干预式的住房政策，并依赖于市场反馈机制，在东亚地区独树一帜。这种住房政策源于中国台湾的均衡增长路径、较小的（或正在逐渐缩小的）收入差距、得天独厚的农业生产条件、农村工业化和随之而来的更好的人口空间分布格局。

（三）中国香港和新加坡支持小型开放市场经济的大型公屋计划

当中国香港和新加坡开始执行公屋政策时，其内部是否稳定和经济是否成功还难以预见。小型开放经济体依赖于它们在国际市场的竞争力，保持社会稳定的

同时保持工资竞争力的一个方法就是改善工人的住房，可行的方法是由国家提供大规模公共房屋。中国香港和新加坡的主要差别在于新加坡国家住房建设的动因是为了实现尽可能高的私有率。新加坡1965年开始由国家建造房屋的最初原因是市场失灵，即小型私人的房地产行业无法为全部居民提供大量廉价私人住房。而在中国香港，公屋建设的目的主要是提供公租房。

（四）中国和朝鲜住房作为社会福利由国家集中规划、统一分配

中国和朝鲜在20世纪50年代都采取了集中计划的方式提供住房。在中央计划经济中，住房被视为"福利分配"，由国家根据中央管理标准进行分配。在功能上，中央计划经济的住房并不是市场经济中一个独立的部门，因为市场经济由个人住房需求推动。房屋建设完全由国家投资项目带动。在朝鲜，作为国家的工业投资计划的一部分，住房长期供应不足，维护也严重不足，因为房屋维护预算常被削减用于其他投资。在中国，住房由国家提供制度，成为"铁饭碗"的重要组成部分，使家庭生活条件严格按照就业状况决定。

与高收入、完全城市化且缓慢增长的西方经济体所提出的公共住房政策相比，东亚经济体的住房市场政策，主要集中在经济增长快速起飞阶段的私人住宅所有权上。如上所述，仅有中国香港与英国同一时期的社会住房政策相似，即都将公租房作为住房政策的核心。

第三节　增长起飞阶段及城市集中率峰值

本节我们讨论的两个主要关注点是，住房政策的国际比较必须建立在同等可比的发展阶段之间。当住房保障政策与现行国家住房制度的结构一致时，政策设计将是最成功的。与此相反，西方媒体、资本市场分析师和一些学者将中国现有的住房繁荣与20世纪80年代日本的房产泡沫或21世纪的第一个十年期间美国的泡沫相比，这些文章实际上是拿苹果与橘子相比，就好像它们是同一品种的水果似的。

在对中国现有住房制度与其他五个东亚经济体在各自的增长起飞阶段的住房体系的比较分析时，我们应该记住东亚经济起飞与增长转型时三个重要的节点。第一，在六个东亚经济体经济起飞阶段已经出现异常显著的土地价格上涨。土地价格上涨可能会再次发生，但第二阶段的上涨将呈现出缓慢且长期增长的特征。第二，六个东亚经济体在增长起飞阶段结束时，经济和政治高风险的增长转型与城镇化率峰值同时出现。国家政策对城镇化率峰值所形成压力的反应将会对未来几十年的土地和住房政策产生持久的影响，直到今天依旧对部分东亚国家有影响。

第三，超过50%的人口城市化率同样标志着这些国家在历史上最为深刻的社会、经济、政治和文化变革的时期，加之收入稳步上升，这种变化也导致住房需求的日益多样化，需要由不同的住房政策来满足。

一、50%的城镇人口比率标志着"增长转型"

中国的人口城镇化率在2011年超过50%[①]，这一时刻与其他东亚国家和西方国家的经验相比是如何的？50%并不是单纯的人口问题，相反，这一指标标志着国家社会-经济的多重变化，对住房体系的表现具有直接影响。在东亚经济起飞阶段，城镇化由劳动密集、出口导向的工业化主导，集中在新兴、快速增长的城市，中国的深圳市是最好的例子。在经济起飞阶段，现代东亚经济体已经开始以制造业为核心，50%这一比例与东亚国家制造业就业占比的历史高峰基本一致，美国在1920年的情况也是这样。

最快的城镇化速度和最高的城市集中速率产生了50%的城镇化水平，标志着东亚将过渡到另一种形式的经济增长和城镇化。劳动力市场到达"刘易斯拐点"，不断上升的实际工资支撑着不断扩大的住房需求和不断上升的房价。制造业生产切换到高附加值产品。服务业拓展，不仅是因为收入增加与城市人口扩张催生新的中产阶级，形成消费需求增长，更重要的是，随着制造业从劳动密集型向高附加值过渡，制造业产品所包括工业服务投入的份额不断增加，服务业也将相应扩大。

日本、韩国、中国和中国台湾的经济增长起飞和城市化峰值速率变化情况如图6-3所示，中国突破50%这一标志比其他东亚经济体晚了几十年。作为一个后来者，中国能够从早期的东亚经验中得到借鉴。需要指出的一点是，只有日本二次跨越了50%标志。日本在第二次世界大战前已经越过了这一标志，但第二次世界大战的成本和损失使日本经济倒退，其城镇人口在1944年下降到了35%。日本的城市化进程在第二次世界大战后第二次越过了50%标志。此后，截至1980年，日本在第二阶段经济增长的过程中仍保持非常快的速度（Vogel，1978）。这也引起了美国对于日本挑战美国经济霸主地位，形成所谓"日本第一"的担心。这样一种由媒体炒作的、简单化的恐惧与如今美国对结束第一阶段经济腾飞的中国的担忧如出一辙。

[①] 中国的户籍制度造成的各种社会隔离带来了各类扭曲，包括人口统计的扭曲。在2010年的人口普查中，中国总人口为13.34亿人，城镇人口为6.64亿人，城镇人口的比例为49.8%。如果我们减去作为"流动人口"的没有城市户口的2.2亿个农民工，城市化比率将缩小到一个不切实际的比例-33.2%。这种"流动人口"在城市中居住，并为中国的低成本产业化做出了重大贡献。户籍制度也允许地方政府报告误导性的住房统计，以降低其社会（保障）住房提供的义务。

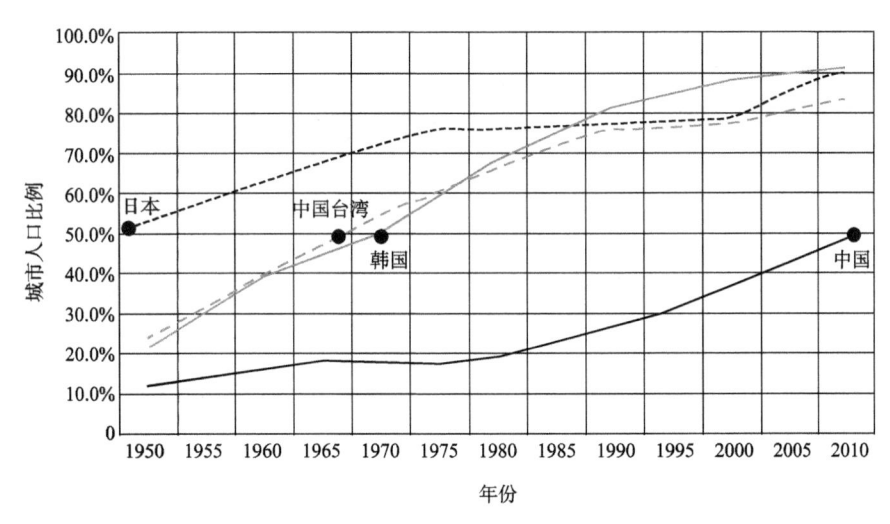

图 6-3　1950~2010 年 50%城镇化率与增长起飞：日本、韩国、中国、中国台湾

在超越 50%后持续高收入发展的第二阶段，日本、韩国和中国台湾的城镇化水平不断稳定攀升至 70%，进而超过了 80%。经济的核心-边缘二元化结构逐步削弱。制造业的空间分散化在城市系统里发生（Krugman，2008；Kim，1999）[①]。产业和服务业的小规模行业集群在成功的城市中无处不在。住房资产持续累积并成为经济体中最大的资产类别。当国家完成了城镇化时，为了人为刺激经济增长而对住房和房地产行业实行不恰当的管理政策，将会严重地破坏经济稳定，正如日本 20 世纪 80 年代和美国 21 世纪的房地产泡沫一样。

二、东亚经济增长起飞时期异常显著的土地价格上涨

东亚国家的经济增长起飞对土地价格的影响是非常巨大的。高城镇化速度、相对高的人口集中度、出口导向型城市群中心及快速增长的收入等元素的组合，导致了经济增长起飞时期异常显著的土地价格上涨。在第二阶段经济长期增长的增长转型期之后，土地价格膨胀再也未能达到如此速率，即使是在 20 世纪 80 年代日本的巨大房地产泡沫之中。

在日本，土地价格曾发生过三次峰值，1963 年、1973 年和 1988 年都是日本最大的房地产泡沫时期，主要城市经济通胀调整后的土地价格年增长率在 1963 年达到峰值 42%，而那时日本的城镇化水平为 62%。依据土地利用类型的土地价格上涨模式反映了城市经济的发展。如图 6-4 所示，这种土地价格上升模式是周

---

① 参见 Paul Krugman 在 2008 年诺贝尔奖演讲 "贸易和地理的收益增加革命"中，将当今中国制造业中心的产生和增长起飞后期的经济空间结构与自 20 世纪 20 年代以来美国城镇化和空间发展进行的比较。http://www.nobelprize.org/nobel_prizes/economic-sciences/laureates/2008/krugman-lecture.html。

期性的。首先，在日本经济增长腾飞时期，20世纪50年代末期和60年初期制造业扩张的阶段，日本的产业基础翻了5番，工业用地比其他用途的土地价格上涨的速度快。在20世纪70年代，日本的城市体系仍在稳定扩张，居住用地价格上涨带动了其他用地上涨，在1973~1974年达到峰值。这一土地价格繁荣受到第一次石油危机的冲击，土地价格实质性下降。在1986~1987年，管理不当的金融系统自由化和日本商业部门中土地的独特角色导致结构性缺陷，商业用地价格快速上涨。日本的大企业在海外的商业地产投资中催生了1985~1994年第一次全球房地产繁荣。

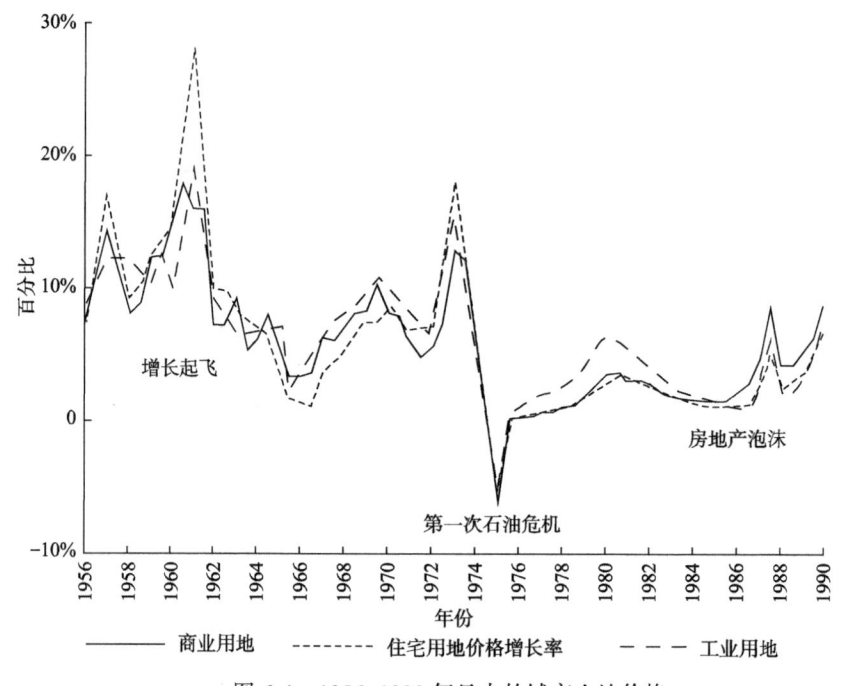

图 6-4 1956~1990年日本的城市土地价格

资料来源：Takatoshi Ito 日本经济，第14章，"资产价格：土地、权益"，1992年，第418页

图 6-5 揭示了商业用地价格上涨对日本房地产泡沫时期各种用地价格膨胀的引领作用。所有土地类别的价格在 1990~1991 年达到峰值。此后，日本土地价格直到 2013 年持续下降，土地价格下降带来的大量财富损失是过去 20 年日本较低甚至负 GDP 增长和低通货紧缩的主要原因[①]。

---

① 日本有至少四种不同的公共土地价格指数。图 6-5 所用日本房地产学会的指数是现在普遍使用的。图 6-4 中使用的是约在 20 年前常用的土地价格指数。图 6-4 中所用土地价格指数后来发现被日本当局在房地产泡沫时期平滑化了，因而导致了图 6-4 和图 6-5 中 1985 年之后土地价格曲线的不同形状。

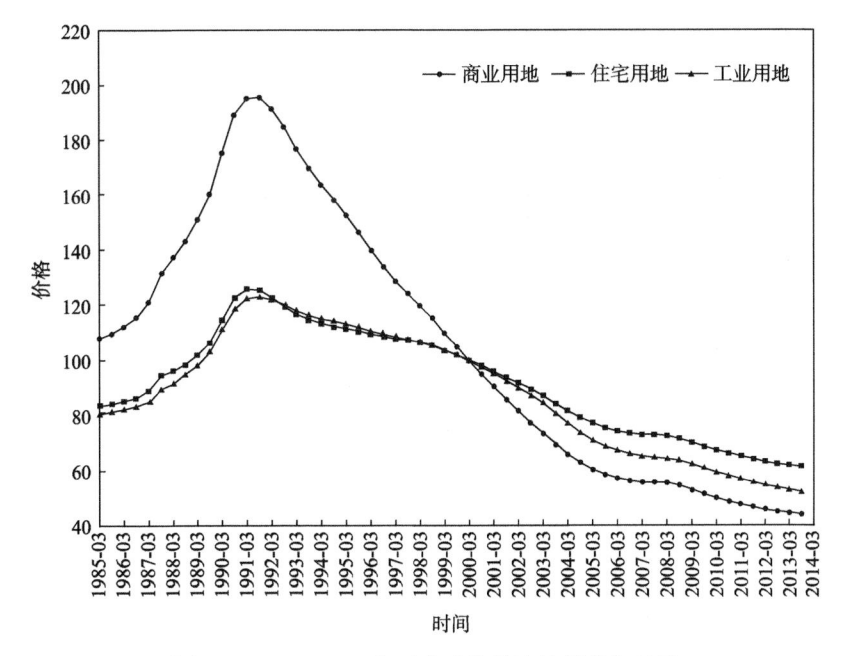

图 6-5　1985~2013 年日本地价的泡沫繁荣与破裂
资料来源：日本房地产学会

中国台湾自 1970 年以来经历了四次土地和住房价格周期。由于中国台湾奉行非干预式的住房政策，土地和住房价格并不稳定。中国台湾住房周期的特征表现为经历约 2 年的短暂而显著的繁荣时期之后，紧接着进入 5~7 年的较长期的价格松弛，但没有出现像日本那样的崩盘，其中最大增幅出现在 1987~1989 年的繁荣期。图 6-6 中 2008~2013 年中国台湾的价格数据表明，住宅价格比土地价格变动幅度更大，这是异常状况。正常情况下土地价格会比住房价格更易变，能够更紧密地反映家庭预期的预售价格比实际房价更不稳定（这些住宅数据是私人收集的）。

在韩国，经济起飞时期土地价格的强势上涨最终导致了长久的制度变革。在 1974~1998 年，韩国全国城市土地名义价格增长了 14.3 倍，汉城（今为首尔）增长了 29 倍。通胀调整后的土地总价格的最高年增长率在 1978 年达到 64% 的峰值。与日本和中国台湾不同的是，韩国的土地价格指数持续上升，没有发生过显著的实际价格下降。如图 6-7 所示，土地价格上涨比率很高的三个时期分别为 1964~1970 年、1974~1980 年和 1987~1990 年。韩国的高城镇化速度以及城市人口快速向汉城大都会地区集中是土地价格上涨的一个主要原因，正如前面提到的，韩国最快的城镇化速度发生在 1985~1990 年，达到 8.2%。另一个原因是显著的通货膨胀，促进资金流向房地产领域。经济通胀调整后的土地和房地产的真实收益

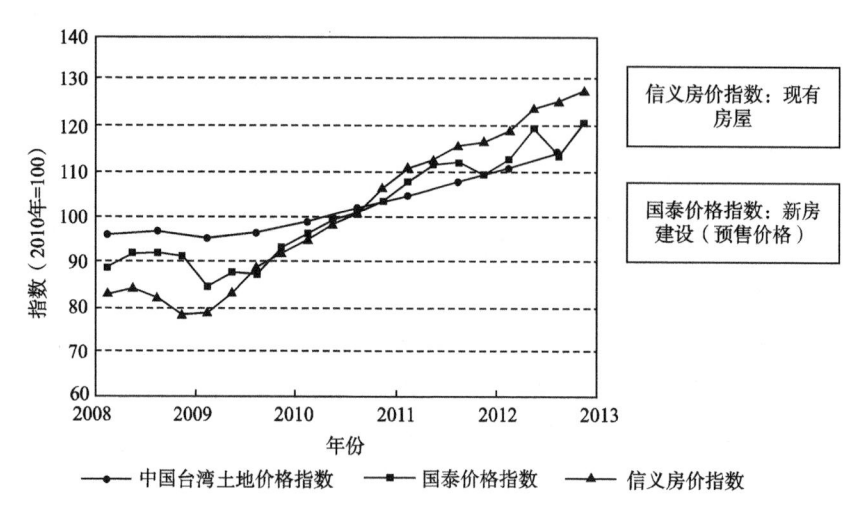

图 6-6 2008~2013 年中国台湾土地价格、房屋预售价格和现有房屋价格指数
资料来源：中国人民银行. 金融稳定性报告，2013

率非常高且不稳定，但这种不稳定性不足为虑，因为房地产的年收益率从未为负。除了农村向城市人口大量移动，金融压制是第二个主要因素，因为"重点"公司将它们从银行得到的部分低利率贷款投资到房地产中。

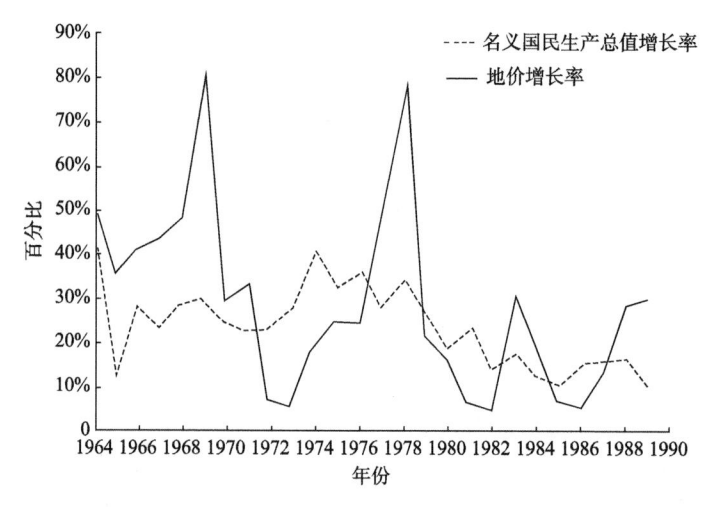

图 6-7 韩国三大主要地价繁荣期：1964~1970 年、1974~1980 年和 1987~1990 年
资料来源：Cho L-J，韩国政治经济学，第 12 章（作者为 Jin-Soon Lee），表 12.1

1975~1980 年，韩国的土地价格繁荣导致 1978 年出现了第一次强烈的公共政策响应。"8 月 8 日投机控制措施"包含了针对土地出让和其他形式房地产转让的高所得税，在 30 个被视为具有"投机可能性"的地理区域建立土地出让报告制度。土地开发过程的政府管控也通过《土地开发公司和建筑开发指导法》的确立而形成。

之后随着时间推移发生了一些调整，但政府对土地开发过程的控制现在仍在执行。

第二次更为强大的公共反应发生在 1987~1990 年第三次价格繁荣期，在这一时期韩国已经显著城市化，城市收入很高，且民主正在扩张。两个主要政治问题是快速土地增值和土地所有权的集中度增加。考虑到公共土地与宪法确定的私有产权存在冲突（Son，1995），1989 年韩国成立了土地研究委员会，评估 Gongkaenyum 概念（公共土地概念）的含义。土地研究委员会的实施建议包括：限制居住用地所有权、对开发收益进行收费、额外的土地利润税、总和土地税（all land taces，ALT），借以形成一体化土地报告系统，整合个人在全国范围内持有的所有房地产信息，建立一个新的土地评估系统，在 1975~1980 年规定的基础上强化交易管制，以及强制要求所有土地转让在政府登记。今天，韩国仍然拥有一个大规模的住宅微观管理系统。频繁的行政指令变化产生了各种不同的房地产税，以"监管"房地产周期。

中国香港和新加坡作为自给自足的城市经济体，没有农村内陆，因而无法直接与其他三个具有多样化城市系统和空间结构的东亚经济体进行比较。在它们相应的增长起飞时期，土地公共所有权使中国香港特别行政区政府和新加坡政府能够获得相当比例的公用土地增值。它们也经历了土地和住宅价格周期，但不像日本、韩国、中国台湾那么强烈。

中国在它的经济增长起飞阶段并无特殊之处，通过 35 个主要城市的土地拍卖价格数据建立同质土地真实价格指数，通过对 2003~2011 年中国土地价格数据的详细分析，发现土地价值增长迅猛，"典型市场经历了 10%的同质土地真实价格增长，而前 1/3 样本年增长率高达 20%"（Deng et al.，2012）。这一时期 35 个城市的住房供给总面积增长了近一倍。8 个城市的新建住房单位的特征价格指数显示，几乎所有市场的住房价格高增长都是由土地市场价格推动的，而不是由建筑成本或工资推动。

三、增长转型期也是社会、经济和文化变革的深化期

以城市化水平超过 50%为信号的"成长过渡"期是社会、经济、文化产生深刻变化的时期，并直接影响到住房政策的设计。作为工业革命开始的地方，英国在 1841 年成为 19 世纪世界上城镇化水平唯一越过 50%的国家，工业化和城镇化对快速发展城市的共同影响，引发了一段各领域百花齐放的时期。这一时期现在被称为"维多利亚时代"。类似地，美国经过工业化和城镇化于 1920 年逐步跨越 50%的标志，形成了美国东北部的制造业核心地带，这一时期现在被称为"镀金时代"[①]。美国经济增长的这一转变并不顺利，很快在 1929 年出现了金融危机和

[①] "镀金时代"这个名字来源于美国著名作家马克·吐温写于 1873 年的小说《镀金时代：今天的故事》，马克·吐温被认为是美国文学从英国文学区别开来的鼻祖。

大萧条。在韩国,城市中创造力的兴起引发了韩国潮流,或韩流,在亚洲地区盛行一时。最近,见证中国城市引领的深刻社会经济变革的一个美国观察家提出将中国的这个新时代命名为"野心时代"。

从住房政策的角度来看,"中产阶级的崛起"意味着城市人口的收入和价值日益多样化,这不同于因快速工业化而带来的同质性的农村人口向城市迁移。住房供应变得更深入、更多元化,由需求驱动的分散化的住房和房地产供应体系对满足如此复杂的需求是至关重要的。

住房政策失败的一个常见原因是过于简化所服务人口的社会经济特征,从而导致住房供给和真实需求及偏好的严重错配。这种过于简化被供给主导的住房政策引向极致,而推出这些政策的官僚化行政管理体制并不具备应对多样性的能力。要理解伴随城市发展和经济增长而不断增加的社会经济多样性,我们可以从 1990 年两德统一这一自然实验的结果中获益良多。该自然实验的研究方法由一位德国社会学家提出,应用于德语国家以更好地理解变化前特定城市市场住宅和商业地产开发需求的社会经济分化。图 6-8 显示,一旦我们意识到同等收入的家庭具有差异化的价值取向,那么视角同样会发生深刻的变化。在图 6-8 中我们可以看到,如果把城市社会在结构上分为 10 个主要社会经济群体,最大的群体是"现代主流"群体(奥地利数据)。

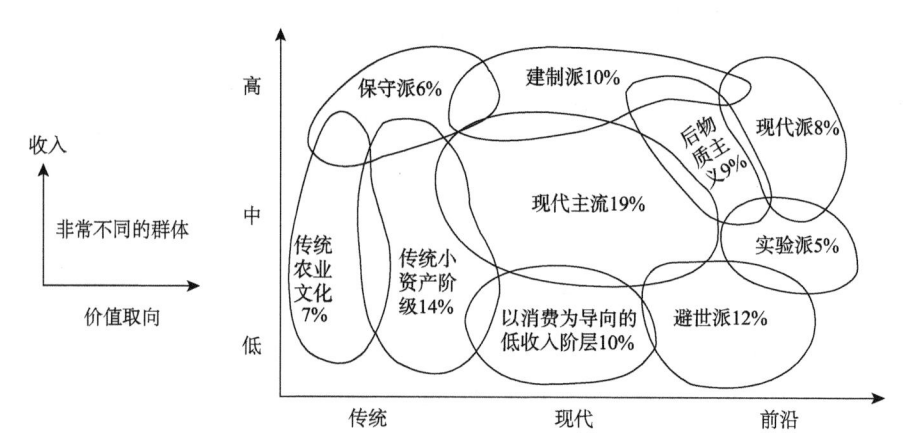

图 6-8 相似收入程度的城市家庭优选的多样性
资料来源: Sirus Milieu, 社会观念

在 1990 年两德统一时对两德的社会经济结构进行直接比较为我们提供了一个自然实验,以说明城市社会在发展和增长的第二阶段可能如何演变。

在德国统一的 1990 年,民主德国是一个中等收入的经济体,人均收入约为 9 680 美元。图 6-9 的社会经济分析显示,民主德国在当时是一个保守的中等收入的中央计划的传统工业社会。9 个群体中,有 2 组相对较大:组 3 和组 4 代表了整个人口的46%，属中等偏下收入和持保守、物质主义价值观的中等收入群体。总收入—价值图偏重于左下角（保守、物质主义价值取向）。这与近几十年经历工业化的东亚社会可以类比。

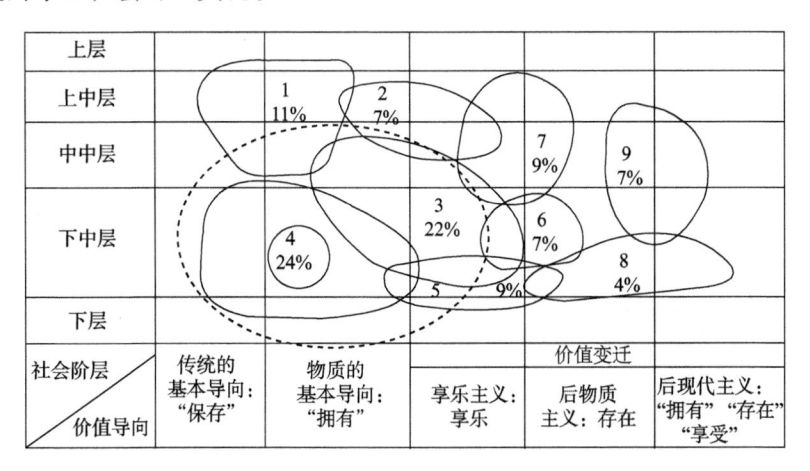

图 6-9　1990年民主德国：一个保守的中央计划经济的工业社会
资料来源：Helmut Degen，对一个作用模型的开发：以需求为核心的软件制作

1990年，联邦德国人均收入约为 15 300 美元，比民主德国高 50%。图 6-10 表明，联邦德国的社会经济结构与民主德国非常不同。10 个主要社会经济群体差异更为显著。联邦德国的图偏重于顶部右上角的方向。联邦德国被看作一个高收入、后工业化、市场化的城市社会。

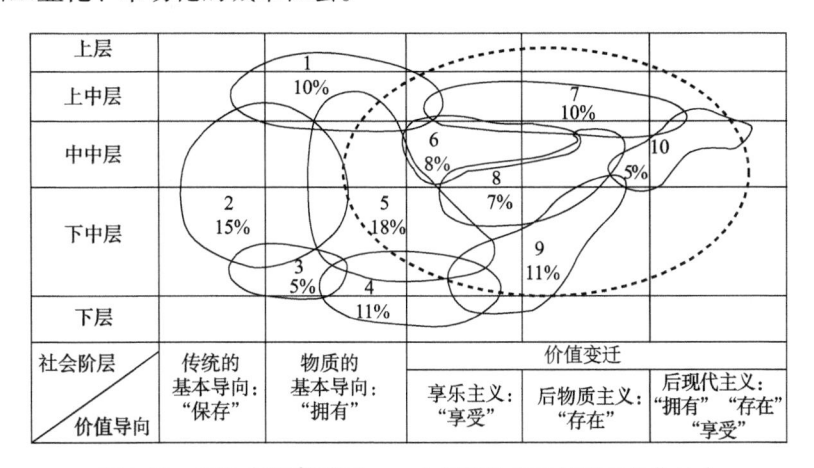

图 6-10　1990年联邦德国：一个创新的多元的后工业化社会

社会重心明显从民主德国保守的、强烈面向物质财富的社会向联邦德国具有创造性的、多元化的、后物质价值观的、高收入的社会转变。类似的变化最有

可能发生在东亚，因为其从较低收入水平、快速工业化的第一阶段转移到了高收入的、后工业城市社会。

住房政策的核心是，政策需要随着经济增长和城市化进程变得日益分散化和多元化。

四、成功地管理发展转型：避免"中等收入陷阱"

五个东亚经济体以各自的方式避免陷入"中等收入陷阱"。每个东亚经济体的增长转型都是困难的增长模式再平衡与改革现有经济体制的重大政治调整的结合。

在经济上，东亚国家已经超过了"发展型国家"协调利益的阶段，不再需要通过协调利益以解决市场失灵，提供基础设施投资以支持劳动密集型制造业的发展。现在，它们必须发展更为复杂、分散的，依靠间接调控的经济增长模式。

在政治上，这些经济转型显著影响到了在起飞阶段出现的最初精英阶层的利益，这些精英阶层的私人激励曾与国家或地区取得快速增长的需要一致。精英阶层曾大量受惠于被抑制的金融体系，而金融体系现在需要自由化从而更好地服务于后转型期经济。金融自由化意味着一个强大的中产阶级和排他的新精英阶层。

五个东亚经济体的转型面临着来自大量国内和国外的不确定性，并且转型过程并不总是一帆风顺的，1985年新加坡经济衰退和1997年韩国金融危机迫使拖延已久的金融和地产改革开始实施。中国台湾独特的住房市场在1975~1991年住房金融体系风险管理自由化进展良好，较好地度过了增长转型期。日本大规模且代价高昂的房地产泡沫，可以说是由住房和其余房地产系统的结构性问题造成的，这些结构性问题在经济增长起飞阶段及之后都一直未能解决。

第四节 东亚住房系统的基础：诊断

住房保障政策的成功以及对这一成功做出贡献的一些土地政策工具依赖于住房系统的结构。在成熟的、完全城市化的经济体中，这个结构在几十年前就已稳定，因此所发生的住房政策变化都是边缘性的。相反，在发展中国家，了解正在出现的新住房结构是有必要的，从而引导其向正确的方向发展。我们使用的诊断框架来自世界银行积累了几十年的经验，基于对多个发展中国家形成住房体系时的问题观察，然而这个诊断框架仍然不为西方的住房经济学家所熟知，因为他们很少需要用到这样一个全面的框架①。

事实上，住房系统是一个嵌入经济其他部分并与之交互作用的复杂系统。一个针对新兴住房制度的完整的初步诊断，需要识别新的住房市场七个不同组成部分的各自问题②。出于这个原因，这些结构化组成可以简化描述为"住房的七个支柱"。我们现在逐一比较几十年前五个东亚经济体和如今中国的七大支柱的形成方式。在需求方面的三大支柱是产权、住房金融服务，以及税收和补贴。在供给方面我们探讨以下方面：城乡土地转化和城市基础设施提供；土地利用及区划规定；房地产行业的组织与调控。住房，在设计上或本质上，是经济中政府行为最为关键的领域。第七个支柱是监管的作用和中央与地方政府之间的相互作用。这七个支柱是执行住房系统初步诊断的最有效的方法，可以避免"盲人摸象"，健全的住房政策要求"联系"并掌握这七大支柱的相互作用。

一、东亚的早期土地改革和产权：对住房系统的影响

日本、韩国和中国台湾的土地和税收改革先于经济起飞的土地和税收改革，显著促进了工业发展和城市投资，带来经济快速的增长，这些好处包括以下几方面。

（1）改进了由农场租户转换成业主的收入和财富的初始分配。韩国在1938年曾有19%的土地所有者和81%的农民，到1965年，韩国有93%的土地所有者，只有7%的租户。中国台湾在1948年有56%的土地所有者和44%的农民，到1960年有86%的土地所有者，只有14%的租户。

（2）农业创新的传播变得更容易和更快，这是所有者具有改善资产的激励，明确的产权使其能够将土地质押作为最后的手段。农村工业化在中国台湾实施得非常成功。

（3）通过土地登记和土地估价系统的实施，划清财产权利和所有权，农村和城市的发展都能够得益。非正规住区的大规模开发从未达到如今拉丁美洲、南亚、中东和非洲发展中国家大部分地区所具有的规模。

---

① 这些西方学术研究工作是关于已经充分发展的、高收入的住房市场，他们的研究并没有面对在快速城市化的低收入国家从头开始设计和建造一个新兴的住房系统组织这一具有挑战性的问题。当他们偶尔在国外进行工作时，西方的住房经济学家倾向于主张自己国家制度的功能，因为这是他们在对高收入经济体的住房体系的部分理解之外，唯一真正了解的系统。比较住房经济学领域仍然相当不发达，正如美国住房次贷危机（引发了2007~2009年全球金融危机）后所表现出的美国国内让人困惑的争论。一个造成比较住房研究发展不足的原因是住房是典型的非贸易部门，研究需求（和科研经费）相当有限。此外，市场失灵也影响了私营部门提供系统性的、可靠的和及时的信息，从而无法覆盖整个住房行业。这些信息不得不由公共部门提供，这种情况与农业研究是可比的。

② 这种系统性的住房诊断框架，首次正式出现在世界银行1994年具有里程碑意义的政策文件《住房政策：允许市场发挥作用》之中。后续试图建立国家住房指标体系的尝试并没有成功，因为为项目提供资金支持的国家没有看到持续的利益，当然也有可能参与这一项目的国家缺乏相应资金，这是一种清晰的市场失灵情况。

（4）国家与城市土地使用政策覆盖国土全境使基础设施计划的执行和政策本身变得十分有效。不同于其他发展中国家，东亚的公共基础设施投资旨在鼓励和促进私人投资。

（5）可操作的土地登记、评估和房地产中介法规提升了迅速增长的城市地区的房地产交易效率和速度。在许多发展中国家，获得已覆盖公用设施的土地是造成新产业投资延迟的一大原因，获得大地块的可能性也促进了大型住宅项目的出现。

（6）农村居民可以获得城镇化的全部好处，并且没有因为错误或缺失的登记制度受到歧视。显然，生活在快速发展的城市周边地区的农民获得了最大的利益，也获得了最多的资本收益——公共土地征收情况除外。

接下来，本章将逐一介绍各个国家或地区现代土地产权制度的普及。在日本，土地和税收改革发生于明治时代（1871~1873年）。明治维新的一个非常重要的特点就是采用民法作为其新的法律系统，特别是"普鲁士民法典"被日本认为是欧洲最好的民法典。在采用"普鲁士民法典"的过程中，日本还采用了欧洲最为现代化的地方性法律和土地法规。中国台湾和韩国被日本侵略时期，这些土地法规转移到韩国和中国台湾，产生了两个显著的影响：首先，日本利用新的土地登记制度划分地方传统产权，从而使土地为日本企业占用。这些土地在第二次世界大战后韩国和中国台湾各自的国家或地区土地改革中被重新分配给当地的农民，日本也采用了最初设计用于农村地区的普鲁士土地调整技术，并将其转化为土地开发和日本城市基础设施投融资的一个非常重要的工具。在高峰期的1979年，土地调整贡献了40%的日本城市土地开发总量，土地调整也被广泛用来为韩国和中国台湾的地区增长融资。

韩国土地改革的法律基础是1948年的宪法，以及1949~1950年的《农地改革法》，但这些改革完全被1950~1953年的朝鲜战争破坏。在韩国，这个过程在1962年通过"改革后调查"进行分区之后就正式结束了，同时，其他法律的通过也创建了一个覆盖非农用地和城市的综合国家土地管理系统。城市化进程中城乡土地转换价格的动态亦对财富分配起了重大作用，包括农民的财富分配。

中国台湾在1949~1953年实施的土地改革显著改善了收入分配。在私人土地产权这个基础上，中国台湾的农村工业化政策和宏观经济政策推动了一个强大而有弹性的中小企业制造行业的出现。

在中国香港，1841~1997年，香港当局拥有大部分土地。中国香港的土地市场是通过民间流通租赁系统来运转的，租赁权最初通过香港当局附加土地使用监管条件的拍卖而得来。用作公共房屋的土地则由香港当局直接向中国香港房屋委员会分配，用于作为特区空间发展计划的一部分大型综合新城项目。

在新加坡，建立一个"居者有其屋"的社会一直是其自1965年独立以来国家的核心目标。新加坡的住房制度通过控制土地、建设和融资而成为一个公共体系。根据 1966 年的土地征用法，公共土地的份额从 1965 年的 50%升至今天的超过 75%。

在第二次世界大战结束后的同一时期，中国走了与东亚其他地区不同的道路。通过 1950 年 6 月颁布的《中华人民共和国土地改革法》规定农村土地集体化和城市土地国有化，废除了土地市场。在邓小平改革时代初期，1982 年颁布《中华人民共和国宪法》，宪法第四次修正案仍禁止出售土地，第十条规定城市的土地属于国家所有。农村和城市郊区的土地，除由法律规定属于国家所有的以外，属于集体所有……任何组织或者个人不得侵占、买卖或者以其他形式非法转让土地。1988 年 4 月，第七届全国人大修订了第十条，通过土地所有权和土地使用权的区分仍然保持禁止城市土地私有。经修正的第十条删除了禁止出租土地，并补充说："土地的使用权可以依照法律的规定转让。"这不是回归到土地私人所有权，而是城市土地现在被允许在一个固定的年限里进行私人利用。此外，第十三条允许私有个人财产的继承，现在包括城市土地租赁权。

如果没有 1988 年这些关键的宪法修正，中国经济增长期间的城镇化效率将是相当低的，并会对增长产生非常不利的影响。然而，中国城市发展与其他东亚市场经济仍然不同，因为东亚市场经济体（相对）有效的城市土地利用是由真正的当事人之间的竞争所驱动的。在中国，土地使用的分配是由缺乏协调的地方政府部门和新的"混合型"房地产公司（最初脱胎于当地土地部门）之间的竞争所驱动的。这种不同的激励结构，住房供应由当地政府和与它们合作的房地产企业主导，而不是直接通过有效的家庭需求主导，结果住房供给的失衡以及过度投资的出现，产生了不同于东亚其他国家和地区的特殊的土地利用模式。

中国整个住房和城市系统危害最大的结构性缺陷就是产权的二元结构，即城市土地的"国家所有"和农村土地的"农村集体所有"存在重大的效率和公平问题。随着空间和时间的推移，这种二元性造成土地使用权的连续性被中断。随着中国城镇化进程不断快速发展，城市土地和农村土地之间的差距产生的扭曲更加严重，尤其是当城市人口预计到 2030 年将增加 3 亿人。因此，提出有效的统一土地产权的行政和政治战略应是国家的首要任务。

从保障住房的角度来看，"城中村"为城乡移民在城市可达区位内提供低成本可负担住房所发挥的私人供给作用，正是源于产权二元性与计划经济时期城市依据行政边界自给自足的相互作用。

二、住房金融的金融抑制政策的后果

在经济增长起飞阶段，日本、韩国和新加坡都采用了在技术上被称为"金融抑制"的政策，对它们的住房金融体系产生了深刻影响。今天的中国也是如此。

在增长起飞阶段，日本、韩国、新加坡的国内投融资中，有很高比例的资源向企业部门、国有企业和政府部门转移，通过以下三种方式实现：①系统性低估货币价值；②工资的增长速度始终低于劳动生产率增速；③"金融抑制政策"，信贷分配由政府主导，并且由中央管制的存贷款利率显著低于资金的机会成本及经济体内的平衡水平。这三个政策中，金融抑制导致家庭资本转移的数量最大。根据资金的真实成本和家庭银行存款被压抑的低利率之间的差距，可以说这些资源转移是相当大的[①]。

中国台湾开发出独特的以市场为基础的住房系统得益于将宏观经济政策和住房政策的独特组合。在宏观经济政策方面，中国台湾当局采取经济学家蒋硕杰建议的中性货币政策和汇率政策，被当时其他发展经济学家认为是反传统的。此外，政府还维持在住房方面的不干预政策。唯一的显著限制是对住房提供银行信贷，这是20世纪80年代开始的全面自由化的一部分。管制利率反映出稀缺资本的真实成本较高，而中国台湾的产业化是劳动密集型的，这样产生的结果是，中国台湾是唯一一个在发展起飞阶段出现居民收入不平等程度下降的东亚经济体，使不干预的房屋政策更容易维持。由于银行业没有歧视小企业，中国台湾也成为唯一拥有活跃的中小企业部门的东亚经济体。这对住房的间接好处是，中国台湾的家庭较其他东亚经济体而言有更多资产投资的选择，也降低了对住房投机性投资的压力。

中国香港被殖民统治时期接受了自由市场经济政策，并制定了完善和管理良好的银行系统，奠定了今天中国香港国际金融中心的地位。

金融抑制政策有多个后果。

（1）住房成为家庭的"避难资产"，旨在逃避银行储蓄中非常高的隐性税收，家庭没有其他任何可替代的投资工具。值得庆幸的是，房地产的实际回报率是相当高的。但是要拥有住房所有权则受大量前期权益约束，住房行业成为财富再分配的一个重要渠道，进一步影响政府法规。

（2）受监管的存款利率和资本实际成本之间的巨大差距导致了庞大的不受监管的金融市场的发展。在韩国，"场外市场"的快速增长导致了1972年的危机，这场危机最后通过强制储户/贷款人损失才得以解决。中国的"影子银行体系"在2009年后发展极为迅猛，为房地产开发商提供的贷款量非常显著。在这两个国家中，从非正规市场募得的资金进入了银行系统，致使不受监管的市场与银行体系紧密交织。

（3）政府建立专门的住房融资途径，这些专门途径是国有金融机构。它们在限制性的贷款条件下运作，为上层中产阶级家庭（D5~D7）提供低按揭成数、低

---

① 国际货币基金组织的分析估计，中国从家庭转移的资源价值目前至少是GDP的4%，参见Lee等（2012）。

利率的贷款,这些家庭需要用其他基金作为贷款补充。在日本,这种国家贷款方是"政府住房贷款公司",在韩国是"韩国住宅银行",在新加坡是"中央公积金制度",在中国,这些贷款方是当地的住房公积金,现在是结合国有商业银行的混合按揭贷款。

(4)私人的、非正式的住房融资手段出现在受监管的银行体系之外。韩国的"Jeonse 租赁储蓄合同系统"成为当土地所有者无法获得银行贷款时使用的一个主要融资工具。在中国台湾以市场为基础的、不被干预的住房系统中,起飞阶段没有银行贷款的情况导致了预售作为房地产开发项目的一种主要资金来源,一直持续到了金融系统完全自由化且住房抵押贷款市场发展的今天,这是因为预售合同是时刻交易的,并对开发商和购买方都有益。另外,韩国 Jeonse 系统在金融自由化之后问题很多,因为 Jeonse 租房者没有足够的积蓄,是靠借贷来支持他们的 Jeonse 存款。这种租房者借款,会引发最初以储蓄为基础的 Jeonse 系统的金融扭曲,也许会出现更多的按月租住的形式。

(5)从平衡的住房制度角度来看,值得注意的是金融压抑下东亚住房政策特别专注于主流人群的住房所有,保障性租赁住房政策相对很少。在中国,大量减少的公共租赁住房是受中央计划体制所遗留下来的影响。

(6)金融体系和住房金融的自由化一直是东亚经济增长转型的组成部分。图 6-11 提供了一个典型的住房金融结构概念图,这一结构能够在非抑制的金融系统中将不同收入的家庭与金融服务和补贴的不同组合匹配。

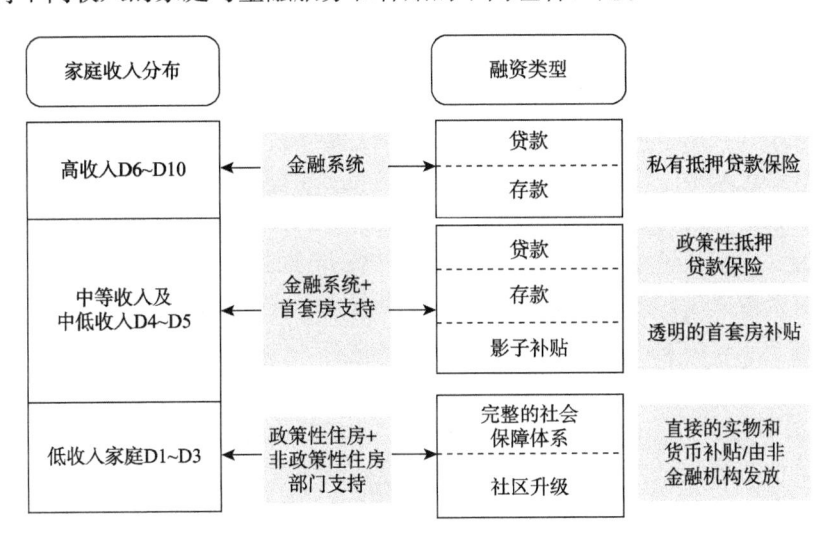

图 6-11 未受抑制的金融系统下的住房金融

三、税收和补贴

税收和补贴是每个住房系统的一大重要支柱。由于政府可以使用税收来对需关照的群体提供预算外补贴，因此税收和补贴构成住房系统的一个支柱，但它可能会有所倾斜、摇摆不定。作为一个支柱，它可以通过无意产生的扭曲削弱整个住房系统。

税收对整个住房体系的性能有很大的影响，因为住房系统的结构是如此紧密地与经济的其他部分相互交织，也因为住房是整个经济体中最持久的资产。看似无关的税收形式可能对住房行业产生巨大的影响。两个关于税收作用的突出例子就是日本和美国的房地产泡沫。

20世纪80年代日本的房地产泡沫暴露出造成日本高房价的制度性因素，涉及的因素很多，包括：限制性和扭曲的土地利用法律；僵化的城市规划法律；经济上与财产所有权的三个阶段（土地取得、使用、转让）不一致的税收政策；对租户权利的过度保护。在这里，我们希望把重点放在与经济不一致的税收上，因为现在还没有对政府和缺乏协作、追逐不同目标的不同部门的住房税收进行综合回顾，包括不同部门对各自不同的具体目标的追求。

在日本，财产所有权的三个阶段包含三种土地税，即在征得土地时应交继承税（国税）、登记及许可税（国税）和房地产取得税（县税）。而持有者应缴纳固定房地产税（市税）、城市规划税（市税）和特别土地持有税（市级，设立于20世纪80年代经济繁荣时期，后来在1993年停止）。当财产转让时应交资本利得税：企业税、所得税（国税）和居民税（地方税）。

土地税和房地产税的设计不一致是日本20世纪80年代房地产泡沫的主要原因，主要体现在以下两种方式：一是使城市（尤其是大城市）的土地供应缺乏弹性；二是阻止城市空间结构中农村用地和城市用地合理有效经济配置。短视的预期、由监管失当的（金融抑制的）银行系统引发的大规模信贷流动和主要城市僵化的土地供给造成了1985~1992年的房地产繁荣与萧条。土地供给弹性由于税收不一致而更为僵化，这引起了在六大都市圈内城市黄金地段广泛的土地囤积。此外，企业会计对房地产资产的错误处理也造成了股市泡沫。最后，由于日本实行"牵头银行贷款系统"，银行拥有大量公司股票。房地产繁荣也受到了日本银行1985年利率急剧下跌的影响，很快导致了土地价格疯狂[①]。房地产泡沫在1991年被日本银行的新任长官刺破。资产负债表的危机导致了银行、企业和家庭的经济衰退以及在接下来几年的低通缩和土地与住房价格下降（参见图6-4和图6-5）。

美国住宅按揭贷款可抵扣税利息的长期成本的经验对中国而言是不同的警

---

① 不合理的土地价格达到了非常高的程度，东京市中心皇宫的土地被日本人认为比加利福尼亚州陆地范围的价值更高。

世故事。相较于其他西方国家,美国使用了最多不同类型的补贴(Lea and Sanders,2011)。其主要通过四个渠道传递:从年度预算中直接财政支出;通过联邦税法补贴,多针对住宅所有者;优惠政策和政府隐性担保支持的抵押贷款机构(房利美、房地美);为中等收入和低收入购房者提供住房抵押贷款保险计划(FHA[①]和VA[②]项目)。以金额计算,美国支持自置居所的间接补贴和预算外联邦补贴是占主导地位的。这种补贴的结构和它的规模曾产生了许多在公开辩论中很少提及的一些重大后果:①美国已经过度投资住房几十年(日本和韩国住房的投资不足,新加坡已经过度投资。中国台湾似乎一直中立,但研究证据不足)。②美国大量的补贴是累退的,并有利于大的借款人,也就是有钱人的家庭。③税收与财政补贴有利于高收入家庭集中的富有的城市。④税收和财政补贴放大了住房周期。最近的周期是进入21世纪后的繁荣与萧条周期。

当涉及住房保障项目设计时,两个关键点往往被东亚包括中国的地方政府忽视。首先,住房消费不是独立于区位和每天的工作出行而存在。设计成功的可负担住房项目的关键制约因素是住房支出、交通支出占家庭总收入份额的总和。这一总和在城市中的不同收入群体,随着时间推移都有显著不同。建在偏远位置的大型住房保障项目,土地价格便宜是一个错误的计算指标,因为忽略了非常高的交通通勤成本(另外通勤时间的价值是被忽略的)。在中国,低的住房费用和由于接近工作地的低交通成本的结合是城中村对低收入工人具有社会经济有效性的重要原因之一。城中村往往被地方政府严重批评,政府往往愿意接手城中村高价值的土地以用作其他用途,但它们可能无法给这些低收入群体提供一个经济上可行的住房保障替代方案[③]。

设计住房保障项目的第二个问题是需方补贴(直接补贴家庭)与供方补贴(补贴房屋建设)的相对优势的争论。20世纪70年代的开创性的美国"住房补贴实验"(housing allowance and demand experiment,HADE)对全球范围内的住房保障政策都有永久性的影响。HADE发现,需求方补贴(以可供家庭使用的抵券的形式)的总计效率比由公共部门直接提供住宅单元的形式的效率高至少两倍[④]。这些发现也被随后许多其他后续研究的成果所证实,但最终美国和许多其他国家改变它们的补贴方案,由供方补贴转向需方补贴,但并不是完全的转变,因为

[①] FHA:Federal Housing Agency,联邦住房局。
[②] VA:US Department of Veteran's Affairs,退伍军人事务部。
[③] 参见深圳的技术案例:Burns J. The Chengzhongcun Urban Traces of the Village. Trace,2013,Volume 19,fall. http://www.mascontext.com/issues/19-trace-fall-13/the-chengzhongcun-urban-traces-of-the-village/。
[④] 原来HADE实验的发现是对需求方补贴的效率为90%,用于供给方补贴的效率仅为37%。换句话说,当政府以100美元成本直接提供住房单元时,有代表性的租房者收到37美元的利益,而当租房者被提供100美元的优惠券时,他可得到90%的利益。

住房供给条件需要根据每个城市因地制宜。

当地房地产市场的具体状况会影响需求方和供给方补贴之间的选择。一方面，如果住房供给弹性很小（不响应需求和价格的变化），供给方可能会增加库存，通常会拉低住房的价格。需求方补贴可以提高价格，但可能不会导致更多的库存。在相反的情况下，如果住房供给是非常有弹性的（对需求和价格变化非常敏感），供给方的策略不会增加库存，但只是挤出私人投资，对本地房地产市场并没有价格影响。此外，需求方补贴没有价格影响，为了满足增长的需求，最终住房的库存数量会增加。

是什么造就了当地房地产市场的弹性——需求响应？在这样一个伴随巨大的需求冲击的城镇化高峰时代，应优先回答的问题是各省市住房系统的供给——响应能力如何？国家和地方的土地利用政策和实践应从哪方面改善？中国的655个城市的住房供应有什么不同？

四、具有基础设施和公共服务的土地供应与住房价格和土地价格之间的关系

住房价格和土地价格之间的关系是住房保障政策的核心。正如刚刚讨论的，对公共政策来讲，住房的供给价格弹性是选择需求方补贴还是供给方补贴的决定因素。

从概念上讲，理查德·穆斯（Richard Muth）针对市场城市对两者之间的基本经济关系进行了概括[①]。在一个给定的城市，住房的供给价格弹性取决于土地 P_L 和非土地投入 P_K 占总成本的相对比重，土地及非土地投入之间的替代弹性 σ（受包括容积率、技术和建筑经济的规划细则影响）和土地供给弹性 e_L（受农村/城镇土地利用转换规定的影响）。住房的供给价格弹性可以表示为

$$e = (P_K \sigma + e_L) / P_L$$

具体解释如下。

（1）住房供给弹性决定了房价的高低。整个东亚地区房价高的原因是：①住房的供应价格弹性低；②在单位成本中地价占比高，在大城市更高；③土地本身的供给弹性低。

（2）住房供给弹性低，则响应需求冲击时住房价格波动将较大，投机行为的影响将十分显著，繁荣-萧条周期也更可能在供给缺乏弹性的时候发生（Malpezzi and Wachter, 2005）。

（3）在美国房地产泡沫时期，供给弹性低的城市经历了较大的价格上涨和随

---

① 作为此处概念性分析的补充，请参见实证发现和研究进展的国际回顾：Phang S-Y, Kim K-H, Wachter S. Supply elasticity of housing. https://ink.library.smu.edu.sg/soe_research/1253/, 2010。

后拉长的崩溃期。

在一个周期里,土地价格通常比住房价格的波动大。土地价格也具有顺周期性。因此,土地价格下滑通常比住宅价格下滑更为严重。这就是为什么西方的银行监管机构针对土地贷款会制定非常严格的政策,土地甚至不像大多数已建地产那样会带来现金流。出于价格波动性大、转售流动性低、没有现金流等原因,现代银行监管机构反对使用土地作为贷款抵押品。日本陈旧的、以农业为主的弱银行监管制度,在20世纪80年代城市房地产泡沫中发挥了非常重要的作用。

在市场化城市中,土地利用和土地价格因不同土地使用者的竞价能力而不断变化,图6-12以一个单中心城市为例。

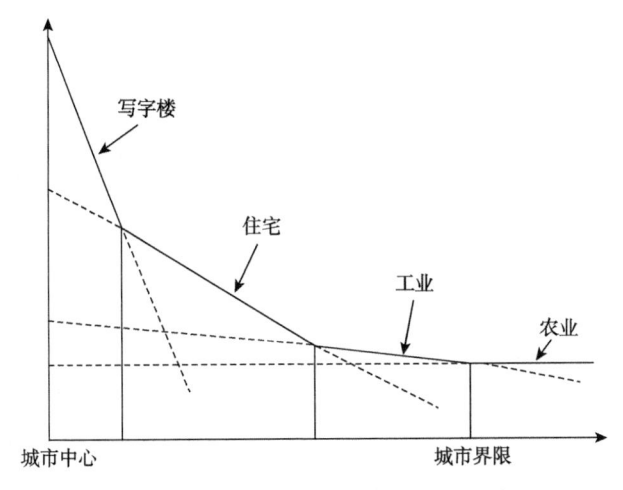

图6-12 持续调整的市场城市的土地利用

中国面临的主要土地利用效率问题是农村土地市场价格的缺失,从而无法建立像图6-12中所示理论上公平且经济上合理的土地价值,这个问题并未在其他五个东亚经济体中出现[①],正如在上海都市圈的航空照片中看到的中国大都市区的土地使用似乎与其他东亚国家和地区的经验不同。在1978年前基于自给自足的经济政策下建立的行政边界导致了行政辖区内农村和城市混合地区,具有城乡二元产权,与其他效果相结合,产生了前文提及的"城中村"现象。自1994年以来不平衡的财政改革,地方政府凭借极强的垄断权力将农村土地转化为可交易的城市土地以填补其预算缺口并从银行得到借款。地方政府之间在这种二元空间上的激烈竞争,是否孕育了一种市场化城市所没有的新的(低效率)城市空间结构?

---

① 关于中国城市空间结构的详细案例和与其他东亚城市以及世界其他地区城市比较的研究,详见 Alain Bertaud. http://alainbertaud.com/。

五、土地利用管制和地方政府垄断土地供应的影响

当代城市规划并不是具体或独断的,需要对市场做出反应,因为城市是复杂、信息密集的环境,价格信号能够改善投资决策。在具有多元化就业基础的(与被几个大型雇主所主导的城市相反)快速增长的城市市场经济体内,有超过 5%的就业岗位每年会发生迁移。房地产价格是通过土地竞价过程,决定各种不同种类的公司和家庭如何在城市内部不同地点分布的主要机制。

除了中国台湾之外的整个东亚地区,政府的意图是在土地法规和土地利用领域建立强大的权力,尤其是在经济增长起飞阶段。政府垄断土地供应对发展中的房地产市场的影响,与分散化决策环境中的效果是不同的。当地方政府同时作为监管机构、合作伙伴和市场主体时,以下四个方面可能会出现不同程度的问题。

(1)经济效率:缺乏透明度,增加了时间和空间上投资浪费的风险。

(2)治理:在公共和私营部门的激励不兼容的情况下,其利益冲突难以协调。关于中国的研究显示,用于评估和提拔非民选市级党政干部的标准直接影响到他们开展或不开展哪些工作。因此,这种评估应改变为鼓励开展"需要做的工作"。

(3)城市发展:地方政府可能更专注于眼前项目的财政收益,而不是大都市地区和城市的整体发展,空间效率更有可能被郊区项目的高垄断回报扭曲。低收入群体的可负担性问题,包括住房成本和通勤成本的承受能力,可能不会得到显著解决。

(4)腐败:在增长起飞阶段之后,透明度和可争辩的城市规划决策成为城市可持续发展的重要部分。非选举产生的地方官员所造成的问题,通常源于不明晰的法律法规难以被质疑和改进。

这四个方面的改善是增长转型的一部分,能够在每一个东亚经济体内按照不同的方式得到解决。变革的主要驱动因素是家庭收入的快速增长和第三节中讨论的城市价值的多元化。

六、城市房地产行业的制度和组织

房地产公司是住房系统的重要组成部分,它决定了房地产这一行业的整体表现。房地产行业与其他行业之间的特殊区别在于房地产的产品是以项目为基础的,而不是由工厂制造。这一事实带来了两个重要的后果:①获得土地和融资是根本;②提高行业(和住建部门)表现的关键,与其说是可以随时在全国范围内获得或从全球市场买到更好的建筑技术,不如说是改善房地产行业(有时也被称为"承包行业")的制度基础。由于其基于项目的性质,一个国家房地产行业取决于行业内部组织、行业规范及该规范是如何因地制宜地响应当地土地利用、建筑法规

和详细区划规定的。项目的性质决定了房地产行业具有灵活、适应性强,具有企业精神并与其经营环境高度互动等特征。房地产行业往往根据各项目的专业性进行分类:住宅、商业、酒店、娱乐、工业、卫生保健设施等。住房和房地产行业的制度包括以下几方面内容。

(1)完整的以市场为导向的房地产法律规范,包括建筑合同和销售合同。

(2)信息系统(住宅房地产和非住宅房地产是不同的)。

(3)估值方法(透明,以市场为基础)。

(4)及时和可靠的信息系统和市场指数。

(5)风险管制和房地产贷款的监管。

(6)消费者保护(第三方托管账户,预售监管,诚信销售规定和执法)。

在东亚经济的增长起飞阶段,大型的有组织的房地产行业逐步产生。就像在第二节中强调的,高人口密度和迅速向大城市集中使东亚成为大型高密度多功能开发项目的领导者,其中最知名的是中国香港和新加坡的经验。然而,重要的国家地区差异仍存在,这可以为中国的新型房地产行业和未来住宅地产的预期和可负担住房的增加提供更多线索。

日本住宅的结构与东亚其他国家和地区不同。日本的住房政策信号依据的是土地价格指数而不是住房价格指数。日本的住房供给因暴露于地震的风险所以长期以来一直是木结构主导。土地占住房成本的比例往往是非常高的[东京地区大于80%,甚至在泡沫时期东京市中心达到98.5%(Noguchi and Poterba,1994)]。在房屋类型方面,整个部门约60%是单户住宅(主要是木结构),40%是低层或多层公寓式住宅(主要是在大城市)。大多数城市中业主新建和改建的单位仍然占主要份额。无论在任何年份,二手住宅的购买占所有交易的比例都很小。只有三分之一新住宅单元购买是已建成房屋,"溢价购买"更有可能发生在同一地块的重建上。房地产业具有二元结构,拥有具备全球影响力的大型国内企业和非常多的小开发商。

其他四个东亚经济体房地产行业的一些特点同样值得一提。资金来源对行业的组织和房地产企业的质量会产生重要的影响。预售对于具体项目的融资具有重要作用,而企业的质量信誉对于其通过预售进行融资的能力存在重大影响,进而构建了一个具有选择性的良性循环,而在政府管制土地获得的国家或地区(韩国、新加坡、中国香港),行业进入门槛高。其结果是,本地房地产行业的组织往往是寡头垄断,并给大企业一定的定价权,大企业往往是价格领导者。一个常见的大企业进入有吸引力的地方住宅市场的方式是购买当地公司或与当地公司合作投资地方项目以获得对当地情况的了解,因为房地产开发是一个信息密集型的行业。日本、韩国和中国台湾没有大型国有的住宅房地产企业,只有中国香港(房屋委员会)和新加坡(建屋发展局)有这样的部门。然而在韩国,由中央政府控制的土地发展公司在地方土地供应中起核心作用。

虽然公共住房有特殊意义,主流的民营企业通常对保障性住房的供应不感兴趣,这是一个"小众专业",其中地方政府扮演着重要角色。为了取得成功,国家资助的住房保障政策必须是分散化的,因为地方市场的条件和规模在东亚各个经济体系统中各不相同:中国有 665 个城市(还有约 20 000 个镇不算在内),日本大约有 160 个城市,韩国 55 个,中国台湾 20 个。

中国新兴房地产产业受到 1978 年以前的计划经济时代的传统影响。大型房地产企业大都起源于分配其属于国有企业的母公司的土地,这些土地具有高价值,且位于市中心。地方政府和房地产企业之间的联系往往是强大但不透明的,因为这些房地产企业的员工来自于当地土地部门。在明确或不明确的政府担保之下,使用地方政府融资工具造成的道德风险是房地产投资融资的一个重要因素。1998 年的住房私有化改革后,房地产投资占 GDP 的比例已增加了两倍多(图 6-13)。2009 年庞大的经济刺激计划主要通过国有企业的房地产公司渠道得到大量资金,而新兴民营房地产企业通过"影子银行"体系得到了大量资金,"影子银行"体系自 2005 年出现以来,已经扩大了五倍。

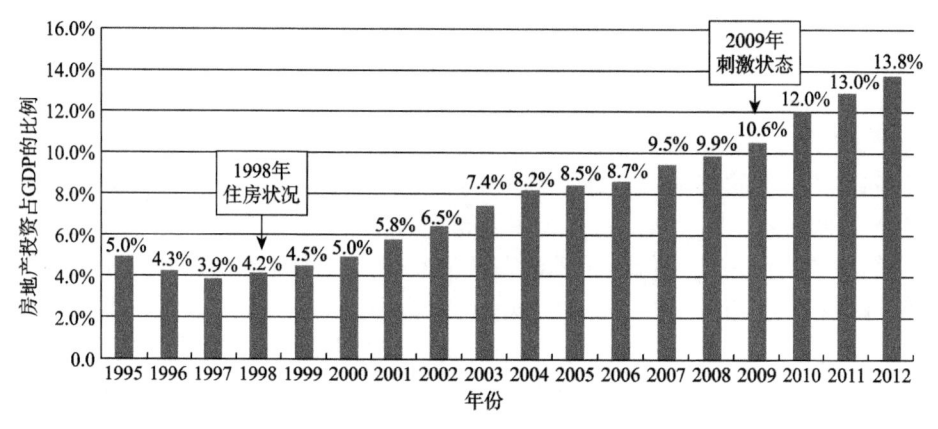

图 6-13 中国财务道德危害和房地产过度投资

资料来源:《2010 中国统计年鉴》中的表 2.1 和《2012 中国统计年鉴》中的表 5.2

与有良好规范的市场(如中国香港)和不受监管的市场(泡沫前的迪拜)进行比较,可以说明中国监管不力的预售合同显著推动了投机性投资者的活动。房地产热潮高峰期的部分财务数据表明,预售资金是中国最大的几个房地产公司最大单一资金来源,平均而言,资金来源是多样化的(图 6-14),导致一些中国城市产生过度投资并且沿海一些大城市出现了泡沫经济,引发了 2013 年的住房市场调整,而其最终影响目前仍不明朗。中国和美国房地产企业的数量大致相同(在 80 000 数量级),但美国有大、中、小三个层次的公司。在中国,因较高的进入壁垒,第三层级的公司是不存在的。就像美国一样,严重的住房市场调整将导致大型的拥有更好融资来源的一级企业的增长,相应地第二层级公司被削弱,因为它们依赖于"影子银行体系"内波动比较大的资金来源。

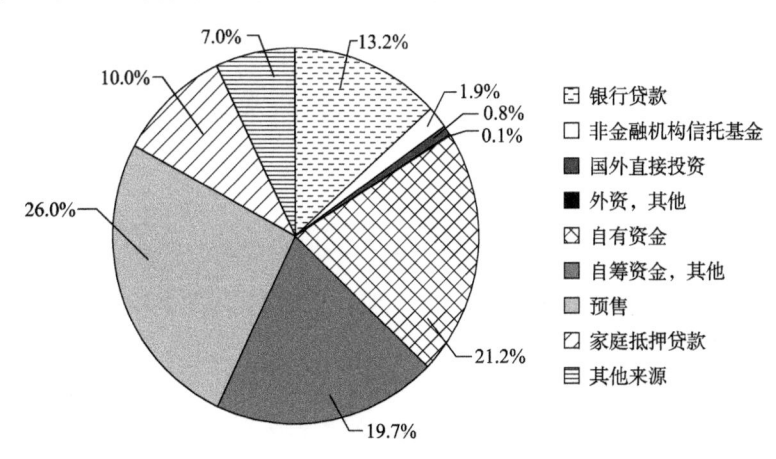

图 6-14　2011 年中国预售的作用和房地产公司的自有资金

资料来源:China Scope 金融数库(中国约有 110 家国内上市的房地产企业,但是 China Scope 没有明确其数据的覆盖面)

图中数据相加不等于 100%,是因为进行过舍入修约

七、政府间关系和地方政府住房政策的表现

无论是在东亚还是在西方,大量的金融、财政和实体住房规定政策是任何一个有组织的房地产市场的主要特点。由于公共财政问题是本章关注的重点,在对目前这个东亚住房结构比较诊断之中,本章仅对完成关键战略重点进行讨论。

东亚经济起飞阶段,在中央政府和地方政府之间的转移支付演进中有四个反复出现的问题。

(1)解决地区间财政公平。

(2)为财政严格纪律(和改进的地方法规)提供适当的激励机制。

(3)改善提供公共服务的表现。

(4)对公民负有的责任。

东亚国家的政府体制是单一的。它们不得不在经济增长起飞阶段之中及之后调整国家的财政系统,以找到中央政府控制和地方政府分散治理之间的平衡。韩国是一个极端的例子。具有讽刺意味的是,20 世纪 60 年代韩国地方自治法废除了当地政府官员的自主权,而这些官员是由国家民政事务部任命的。在韩国的民主和经济增长转型期,这一法律被彻底重组,现在地方政府官员是由选举产生的。这种政治权力下放,打开了自下而上的社会住房创新的大门,可以在日本的 160 个城市中观察到,这些城市中低收入家庭住房条件有很大的差别。对于中央政府,保障性住房补贴激励机制的设计是一个机会，可以用来测试上述四个方面的政府间转移支付更好的形式。中国独特的"地方土地财政"已对城市投资的质量（和数量）造成巨大扭曲，这已成为改革的重点。

第五节　结论：中国未完成的住房改革

中国刚刚开始驶向峰值的另一边，正面临着自己的"中等收入陷阱"。将中国的住房政策区别于其他东亚体系政策，中国住房部门绩效最有力的驱动因素以及保障性住房，一贯处在住房政策的上游。中国住房制度的七个支柱之中，应考虑四个方面的关键转变。

（1）城市和农村土地的产权统一。
（2）修正金融抑制对家庭和住房融资的巨大影响。
（3）地方政府融资改革，结束"土地财政"。
（4）所有中国公民均等地获得城市化的好处，加快户籍管理制度改革。

自 2009 年以来推动的信贷驱动加投资拉动型的增长模式，正在考验中国整个金融体系的容量限制。一个重要的"已知的未知"是房价下跌和地价下跌将会对占银行信贷份额巨大的房地产抵押造成很大的影响，特别是在监管薄弱的"影子银行体系"中。综合行业投入来看，整个房地产行业目前占固定资产投资的三分之一。根据中国银行业监督管理委员会的数据，2013 年中国各银行贷款中有 38% 使用房地产作为抵押。

中国住房体系结构使其与其他东亚国家进行技术性的住房政策比较相对困难，中国的改革议程是巨大的。在供给方面，进一步的改革内容主要包括以下三方面。

（1）通过纠正地方政府财政激励的现有缺陷，降低土地供应的波动。
（2）通过修改现行做法，将土地利用的法律和规定从中央管理下放到地方政府，中央各部委可以停止从上层发布粗放的土地使用监管数字，城市系统将继续增长，就像德国联邦体制的城市和区域规划，中央各部委应重点关注制定统一规则和地方政府使用这一规则的程序，让地方政府自行根据当地情况决定最好的土地利用结果。
（3）对于保障性住房，需要密切注意从供给方补贴向"精明的"需求方补贴转变的逻辑；供给方补贴的收益常常被开发商获得，需求方补贴的收益是针对家庭的。保障性住房应该避免选址偏僻，以及低收入家庭住房之间空间上的隔离。

参 考 文 献

Ban S H, Moon P Y, Perkins D H. 1982. Rural Development, Studies in the Modernization of the Republic of Korea, 1945-1975. Cambridge: Harvard University Press.

Bertand A, Renaud B. 1997. Socialist cities without land markets. Journal of Urban Economics, 41(1): 379-400.

Bloom D E, Williamson J G. 1997. Williamson demographic transitions and economic miracles in emerging Asia. NBER Working Paper.

Brandt L, Rawski T G. 2008. China's Great Economic Transformation. Cambridge: Cambridge University Press.

Brülhart M, Sbergami F. 2008. Agglomeration and growth: cross-country evidence. CEPR Discussion Paper.

Castells M, Goh L, Kwok R Y-W. 1990. The Shek Kip Mei Syndrome: Economic Development and Public Housing in Hong Kong and Singapore. London: Pion Limited.

Chang H J. 2007. The East Asian Development Experience. London: MacMillan.

Chu W W. 1997. The "East Asian Miracle" and the theoretical analysis of industrial policy: a review. Working Paper, ISSP, "Academia Sinica", Taiwan.

Craig R S, Hua C. 2011. Determinants of property prices in Hong Kong SAR: implications for policy. IMF Working Paper.

Das M, N'Diaye P. 2013. The end of cheap labor. Finance and Development, Finance and Development, 50(2): 34-37.

de Bary W T. 1991. The Trouble with Confucianism. Cambrdge: Harvard University Press.

Deng Y H, Gyourko J, Wu J. 2012. Land and house price measurement in China. NBER Working Paper, No. 18403.

Duranton G. 2009. Are cities engines of growth and prosperity for developing countries?//Spence M, Clarke-Annez P, Buckley R. Urbanization and Growth. Washington: The World Bank.

Eichengreen B, Park D, Shin K. 2003. Growth slowdowns redux: new evidence on the middle-income trap. NBER Working Paper.

Federation of Korean Industries. 1978. Korea's Economic Policies (1945-1985). Seoul: FKI Publication.

Fei J C H, Kuo S W Y, Ranis G. 1979. Growth with Equity: The Taiwan Case. Oxford: Oxford University Press.

Gill I, Homi K. 2007. An East Asian Renaissance: Ideas for Economic Growth. Washington: World Bank.

Gyourko J, Sinai T. 2003. The spatial distribution of housing-related ordinary income tax benefits. Real Estate Economics, 31（4）: 527-576.

Haggard S, Pang C K. 1994. The transition to export-led growth in Taiwan, Chapter 3//Joel D A, Dollar D, Kenneth L S. The Role of the State in Taiwan's Development. New York: M. E. Sharpe.

Ho S P S. 1978. Economic Development of Taiwan, 1860-1970. New Haven: Yale University Press.

Ingram G K. 1980. Land in perspective: it's role in the structure of cities//Cullen M, Woollery S. World Congress on Land Policy. Lexington: Lexington Books D.C. Heath.

International Monetary Fund. 2012. People's Republic of China-Hong Kong SAR, staff report for 2012 article Ⅳ consultation. Discussions of Main Issues, December, Country Report cr13/11.

Ito T. 1992. The Japanese Economy. Cambridge: MIT Press.

Ito I, Iwaisako T. 1996. Explaining asset bubbles in Japan. Bank of Japan, Monetary and Economic Studies, 14: 143-193.

Johnson C. 1982. MITI and the Japanese Miracle: The Growth of Industrial Policies, 1925-1975. Palo Alto: Stanford University Press.

Jorgenson D. 1961. The development of a dual economy. Economic Journal, 71: 309-334.

Kim K, Phang S, Wachter S. 2012. Supply elastic of housing. International Encyclopedia of Housing and Home. Research Collection School of Economics.

Kim S. 1997. Reqions rescources, and economic geography: source of U.S. reqional comprative advantage, 1880-1987. Reqional Science & Urban Economics, 29（1）: 1-32.

Kim S. 1999. The rise of muctiunit firms in U.S. manafacturing. Explorations in Economic History, 36（4）: 360-386.

Krugman P. 1991. Increasing returns and economic geography. Journal of Political Economy, 99（3）: 483-499.

Kuo S W Y, Ranis G, Fei J C H. 1981. The Taiwan Success Story, Rapid Growth with Improved Income Distribution 1952-1979. Boulder: Westview Press.

Lai N, Wang K. 1999. Land-supply restrictions, developer strategies and housing policies: the case in Hong Kong. International Real Estate Review, 1（2）: 143-159.

Lam A, Tsui S W C. 1998. Policies and mechanisms on land value capture: Taiwan case study. Cambridge: Lincoln Institute of Land Policy, Working Paper WP98AL1.

Lea M, Sanders A B. 2011. Government policy and the fixed-rate mortgage. Annual Review of Financial Economics, 3（1）: 223-234.

Lee K Y. 1988. The Singapore Story. New York: Prentice Hall.

Lee K Y. 2000. From Third World to First World: The Singapore Story 1965-2000. Singapore: Straits Time Press.

Lee I H, Syed M, Liu X Y. 2012. Is China over-investing and does it matter? IMF Working Paper.

Lim Chong Yah and Associates. 1988. Policy Options for the Singapore Economy. Singapore: McGraw Hill Book Co.

Lin J B, Liu Y. 2007. Characteristics of China's land system and its influence on the housing property system. Land Institutions and Housing Policy Working Papers, Development Research Center, State Council, Beijing (English Translation).

Lindblom C. 1977. Politics and Markets: The World's Political Economic Systems. New York: Basic Books.

Liu S N, Wu Q G. 1986. China's Socialist Economy: An Outline History (1949-1984). Beijing: Beijing Review Press.

Lockwood W. 1954. The Economic Development of Japan, Growth and Structural Change 1868-1938. Princeton: Princeton University Press.

Malpezzi S, Wachter S M. 2005. The role of specuation in real estate cycles. Zell Curine Center Working Papers, 13 (2): 143-164.

Mason A. 2001. Population Change and Economic Development in East Asia. Palo Alto: Stanford University Press.

Mason A, Kinugasa T. 2008. East Asian economic development: two demographic dividends. Journal of Asian Economics, 19 (5~6): 389-399.

Mason E S, Perking D H, Kim K S, et al. 1979. The Economic and Social Modernization of the Republic of Korea. Bostion: Harvard University Press.

Miles D. 2012. Demographics, house prices and mortgage design. Special Issue on "Demographic Change and Housing Markets" Scottish Journal of Political Economy, 59 (5): 444-466.

Mills E S. 1972. Studies in the Structure of the Urban Economy. Baltimore: Johns Hopkins University Press.

Mills E S, Ohta K. 1976. Urbanization and urban problems. The Brookings Institution.

Mills E S, Song B N. 1979. Urbanization and Urban Problems, Republic of Korea 1945-1975. Cambridge: Harvard University Press.

Morinobu S. 2006. The rise and fall of the land myth in Japan—some implications for Chinese land taxation. Tokyo: Ministry of Finance, Policy Research Institute, PRI Paper, No. 06A-08.

Muellbauer J. 2012. When is a housing market overheated enough to threaten stability? Conference on Property Markets and Financial Stability Co-hosted by the Bank of International Settlements and the Reserve Bank of Australia, Sydney.

Naughton B. 2007. Transitions and Growth. Cambridge: MIT Press.

Needham B. 2007. Dutch Land-Use Planning: Planning and Managing Land-Use in the Netherlands, the Principles and the Practice. Den Haag: Sdu Uitgevers.

Noguchi Y, Poterba J. 1994. Housing Markets in the U.S. and Japan. Chicago: Chicago University Press for the NBER.

Patrick H, Rosovsky H. 1976. Asia's New Giant: How the Japanese Economy Works. Washington: The Brookings Institution.

Ramsey S R. 2013. What Does It Mean to Be East Asian? Inaugural Lecture, East Asian Humanities Lecture Series. Washington: George Washington University.

Renaud B. 1991. Housing reforms in socialist economies. World Bank Discussion Paper.

Renaud B. 1992. The housing system of the former soviet union: why do the soviets need housing markets? Washington: Housing Policy Debate.

Renaud B. 1997. The 1985 to 1994 global real estate boom: an overview. Journal of Real Estate Literature, 5 (1): 13-44.

Renaud B. 2004. Permanence and change: East Asian housing policies after fifty years. In Conference Paper for the International Housing Conference in Hong Kong. Housing in the 21st Century Challenges and Commitments: 2-4.

Rodrik D. 1996. Coordination failures and government policy: a model with applications to East Asia and Eastern Europe. Journal of International Economics, 40 (1~2): 1-22.

Rodrik D. 2005. Growth strategies//Aghion P, Durlauf S. Handbook of Economic Growth. Amsterdam: Elsevier: 967-1014.

Rodrick D. 2007. One Economics, Many Recipes: Globalization, Institutions and Economic Growth. Princeton: Princeton University Press.

Roland G. Transition and Economics: Politics, Markets and Firms. Cambridge: MIT Press.

Satterthwaite D. 2007. The transition to a predominantly urban world and its underpinnings. London, United Kingdom, International Institute for Environment and Development.

Sheng A. 2009. From Asian to Global Financial Crisis. Oxford: Cambridge University Press.

Shilling J, Tien D. 2006. Developer's and market structure: why the estate market an oligopoly. Boston Annual AssA-Areura Conference.

Takatoshi I, Rose A. 2010. The Economic Consequences of Demographic Change in East Asia, NBER-EASE Volume 19. Chicago: Chicago University Press.

Tse R Y C, Hui E C M, Chan C H K. 2001. On the competitive land market: evidence from Hong Kong. Review of Urban & Regional Development Studies, 13 (1): 46-61.

United Nations Population Division. 2011. World Urbanization Prospects.

United Nations. 1974. Manual VIII. Methods for Projections of Urban and Rural Population. http://www.un.org/esa/population/techcoop/PopProj/manual8/manu-al8.html

Vogel E. 1978. Japan as Number One: Lessons for the United States. Cambridge: Harvard University Press.

Vogel E. 2011. Deng Xiaoping and the Transformation of China. Boston: Harvard University Press.

Wade R. 2004. Governing the Market. Princeton: Princeton University Press.

Williamson O. 1985. The Economic Institutions of Capitalism. New York: The Free Press.

Won-chol O. 2009. The Korea Story. Seoul: Wisdom Tree.

Wong R Y C. 1998. On Privatizing Public Housing. Hong Kong: City University of Hong Kong Press.

Wu J, Deng Y H, Huang J, et al. 2003. Incentives and outcomes: China's environmental policy. NBER Working Paper, No.18754.

Young A. 1992. A tale of two cities//Blanchard O, Fischer S. NBER Macroeconomics Annual. Chicago: Chicago University Press.

Young A. 1993. Lessons from the East Asian NICs: a contrarian view. NBER Working Paper 4482.

Young A. 1995. The tyranny of numbers: confronting the statistical realities of the East Asian growth experience. NBER Working Paper 4680.

第七章　房　地　产　税[①]
——国际经验与中国实践

　　中国房地产税的发展一直较为缓慢。20世纪80年代,中国曾一度征收土地使用费。其结构与部分国家使用的按年征收的税收结构相同,且本有可能逐步发展为成熟的房地产税,遗憾的是最终并未如愿,尽管早在2004年起已有征收房地产税的尝试。2003年中国共产党第十六届中央委员会第三次全体会议决议指出,将在"时机成熟的时候"开征房地产税。然而,该会议已过去十几年,时机依然没有成熟。

　　如今,房地产税的实施或将迎来一个新的契机。这一说法主要基于几个理由。城镇化进程中提供公共服务,维护和发展基础设施都存在巨大的资金需求。近二十年来,基础设施行业发展迅猛,通过土地出让为基建融资产生了很多问题。与过去相比,土地融资的重要性可能下降。中央政府可行的改革措施之一是将部分支出责任和融资责任转移给地方政府,并允许地方政府借债。由于房地产税是强化城市政府提供公共服务和偿债能力的举措之一,如今或许可以将房地产税引入财政体系中。

　　本章主要讨论五个问题。第一部分,我们提出的问题是,哪些税费构成了中国的"房地产税"。第二部分,我们讨论国际案例中房地产税固有的优点和缺点。第三部分将阐述房地产税作为地方政府收入来源的具体问题,并介绍其他国家房地产税的一般模式。我们在第四部分中提出了一些中国设计和实行房地产税的特殊问题。第五部分为房地产税未来在中国的发展提出一个谨慎的建议。在本章附件中,我们将讨论房地产税管理中存在的一些难题。

第一节　什么是房地产税?

　　狭义上,房地产税通常是指每年对房地产征税,更宽泛一点的说法是对房地

[①] Roy Bahl 经济学董事教授和学院创始院长,安德鲁·杨(Andrew Young)政策研究学院,乔治亚州立大学,亚特兰大,乔治亚,美国(rbahl@gsu.edu)。演讲的内容来自笔者以前的几篇论文。

产的所有、使用和转让征税。房地产税的广义定义包括三个互不相同又彼此关联的"房地产税"的概念。

（1）房地产年税。这是指基于房地产的价值和性质，每年对房地产所有者或使用者征税，征税的形式有很多种。例如，对房地产的资本价值或租赁价值征税，对土地价值征税，或者对房地产的物理属性（如面积）征税。许多国家都按年征收房地产税。

（2）房地产转让税。这是指对房地产在两方之间的转让价值征税。可采用一般销售税或者资本所得税的形式。有时，也以印花税的形式征收，包括中国在内的大多数国家都在房地产转让过程中征税。

（3）价值捕获。房地产相关的其他融资工具也许能实现部分公共投资价值的再捕获，并增加城市密度。这些工具包括巴西所使用的一种给予土地持有者开发权的额外建筑许可债券（certificate of potential additional construction，CEPACs）（Wetzel，2013）[1]，以及特殊评估、改善性征税、稳定物价和税收增量融资。

三种房地产税概念之间有很强的关联性。在某种程度上，税负由房地产增值的受益者来承担。税务管理方面也存在关联，基本上都是围绕价值、地块区位和所有权属地的记录，以及税收属地的纳税义务等方面进行管理。估价、地籍，乃至征收可以统一或协调起来，税收有可能相当可观。新征综合房地产税的结构可以与收入税和增值税相兼容，以保证征税范围完全涵盖与房地产相关的收入，同时避免重复征税。

第二节 房地产税的优点和缺点

一种普遍的观点认为房地产税在分权体制下对地方政府而言是理想的税种。我们可以挑战这个观点，或者至少可以通过罗列房地产税的优缺点来检验这一观点。

一、优点

发展中国家和转型国家地方政府着力推行房地产税的案例很好地说明了房地产税的优点，以房地产税为主要的收益来源有诸多值得称道之处。

（一）收益潜力和稳定性

房地产税可以是地方政府收入的重要来源。在加拿大和美国，房地产税收入

---

[1] 巴西所使用的 CEPACs 是由城市政府通过公开竞价方式发售的一种债券，债券持有人有开发权，开发强度超过法定水平，或偏离法律预先规定的标准和用途。

占GDP的3%~4%。在大多数国家，土地及其上面的房产价值快速增长，构成了良好的税基，甚至在非常保守的税率下都可以创造可观的收入。如果地方愿意采用高于现状水平税率，加之完善的评估体系和征收能力，是可以获得更高的税收的。工业化国家已经比发展中国家和转型中国家更深刻地意识到房地产税的收益潜力。不仅因为工业化国家拥有良好的评估体系和执行机制，还在于其财政分权化的程度。

房地产税还具有一个对于地方政府特别有吸引力的优点，即其法定税基（评估值）的相对稳定性。经济周期的波动通常对工资收入、营业收入之类的（可征税的）税基有很大的影响。不过，近来的事实也反映出房地产价值亦会随着经济周期波动，当然这也取决于房地产价值评估真实地反映了市场价值。正如即将要讨论的，房地产估价是发展中国家和转型国家有效推行房地产税的关键环节。

（二）公平和公正

房地产税大体上是一种受益费。房地产税收一般用在社会服务上。因此房地产税不仅是有效的而且是公平的。企业和部分房地产所有者可以感受到它们从某些公共投资中受益，而这些公共投资基本上与它们的房产价值成比例。例如，在其他条件不变的情况下，诸如路灯齐备、治安良好、学校教学质量高等条件较好的地区，其房地产价值较高。由此可见，房地产税大体上是为所获收益而支付的费用。当然，前提是对房地产的估值准确地反映出公共投资和常规性公共服务对房地产周边环境的改善。此外，还要求房地产估价能够定期更新，土地市场运转良好，并且收益性的房地产在税收上并不会获得经常性的政策减免。另外，还需要房地产所有者或纳税人相信税基和所获收益之间的关联大体上是合理的。

在发展中国家和转型国家中，房地产税还是税负纵向公平的。事实上，在发展中国家，房地产税是累进的，因而可以增加整个税收体系的纵向公平（Bahl，2009）。有几点理由支持这个观点。在发展中国家，房地产所有权高度集中在富人手中，所得税体系往往涉及不到地主，房地产税有潜力填补这个空白。在房地产所有权高度集中时，以土地价值为基础征收的税似乎是最为累进的税。在收入分配的另一端，一般不对公共住房和价值较低的房地产征税，这同样也增加了房地产税的累进性。然而，由于不发达国家存在对富人实行税收减免政策的情况，房地产税可能是累退的。例如，有些国家对于所有者自身使用的房地产实行税收减免。对某些商用和工业地产的优惠性估价（或免税）也将导致房地产税的累退。房地产税的分配效应很大程度上受到税率和税基结构，还有税收管理的影响，但这些因素在一定程度上是政府可以控制的。

（三）税负输出

房地产税的一个优点是，大部分的税负主要由房地产税收资助的公共服务所覆盖地区内的居民来承担。在这种情况下，征税的地方政府更有可能对财政负责，也就是说不大可能过度支出。因此，不大可能出现税负输出而导致部分的税负转移到其他地区的居民身上。

房地产税这一"地区匹配性"的优势在现实情况中可能遭到质疑。如果房地产税的征收集中于非住宅房产，并且改良物（与土地相比）是税基中的重要组成部分，那税负将极有可能输出到其他地区。当企业在该地区以外进行销售，并且企业能够将税负转嫁给消费者时，或是当土地的所有者缺位时，税负都将输出到其他地区。在仅对商业和工业地产征税的国家，房地产税发生税负输出的可能性更大，房地产税将变得不适合由地方政府进行征收。

（四）合规成本

房地产税的另一个优点是其加诸纳税人的合规成本相对较低，因为除申诉之外，纳税人极少参与纳税义务的决定过程。不同于大多数其他需要自我评估的税种（如收入税、增值税等），房地产税由税务部门评估，因此合规成本主要转嫁给了评估机构和计费部门。

即便在一些实行房地产税自我评估的地方，由于降低了腐败的风险，免去了烦琐的行政程序，合规成本仍旧有所减少。另一种潜在的合规成本与支付方式相关，但是各国正逐步转向通过银行收税。

（五）税基竞争

作为地方税，地方政府征收房地产税的主要优势在于通常不会与中央政府形成严重的税基竞争。土地及其地上的物业价值不是中央政府所关心的税基，因而中央政府也乐于将其交由地方政府。

中央政府普遍采用这一做法的原因目前还不太清楚。一个可能是中央政府觉得有必要将房地产税分配给地方政府，因为房地产税较为复杂且收入较低，中央政府权衡潜在收入和政治成本之后做出了这一选择。

不存在垂直（中央—地方之间）的税基竞争并不代表没有水平的或者区域间的税率或税基竞争。若不考虑这种竞争的正面与负面效应，房地产税相较于其他地方税的优势是，区域间竞争或许会减少经济扭曲和税负损失。

在多数发展中国家和转型国家，房地产税通过中央部门来评估，但由地方政府征收。当然情况并不总是如此。例如，在印度尼西亚和牙买加，尽管地方政府获取大部分税收收入（详见附录），房地产税却由中央政府征收。

（六）土地利用效率

最后，房地产税可以被看作是对土地的一种收费，有助于显著提高土地利用的质量。如果根据土地在城市中的区位价值来征税，并且按照最高最佳使用原则进行估值，那么土地利用的分配结果就会更合理，在这种土地价值基础上征收的房地产税更具有优势。然而在发展中国家，实际税率很低可能会导致激励不足。

二、缺点

在发展中国家和转型国家实行房地产税存在几个主要问题。行政能力不足和纳税人对于房地产税认识的不足，都是发展中国家和转型国家较少依靠房地产税作为收益来源的原因。

（一）管理成本

妥善管理房地产税并不容易，而且成本很高。如果效率低下、成本过高，加上较低的税收，那么按照单位管理成本的税率，房地产税会是一笔亏本买卖。现实中多数发展中国家和转型国家的房地产税管理水平十分低下。房地产的评估率和收税率都很低。这也使不同类别的纳税人被不公平对待，而且导致了大量的税收流失。房地产税大多不采用自我评估，因此评估产生了很高的劳务成本，同时也面对大量信息和记录保存的需求。另外，征收和申诉环节也会产生高额行政管理成本。几乎所有的中等收入和低收入国家在房地产评估师方面的人才短缺进一步加剧了这一问题。因此，若比较管理成本和税收，即便在最好的状况下房地产税对于地方政府而言也不是一个好的融资方式。

（二）执行

房地产税的执行很艰难。通过选举产生的地方官员通常不会采取行动去处理拖欠税款的纳税人，因为他们没有处理的手段，更何况违反规定的人往往是有权势的人。处罚违规者的有效措施（如没收财产）可能过于极端，且就政治后果而言，这些措施并不可行。很多国家对土地的特殊依赖使大规模推广房地产税难以得到广泛认同。这个问题和收取与生活息息相关的公共服务费用（如住房、水、电）有很多相似之处。其最终变成了一个政治意志问题，而且很少有发展中国家和转型国家成功地实现了这个意志。不过，也有一些例外。例如，南非地方政府曾采用断电威胁的方式来应对不交房地产税或电费的状况。

（三）纳税人态度

第三个缺点是房地产税在选民中并不受欢迎，因此政客们对实行房地产税都很谨慎。房地产税每单位税收所产生的负面效应可能均大于其他税种。

房地产税不受欢迎有几个原因。

首先，房地产税是对个体或企业未兑现的财富增值征税。这些增值并不一定与所获得的收入相对应。即使房地产价值没有增加，房地产税实质上也针对持有房地产的潜在收益进行课税。潜在收益的形式可以是获取租金的机会，或是使用房屋的价值。相比之下，持有其他类型的资产，如股票、债券或动产，都只有在兑现时才会征税。这种差异不仅导致特殊的实施问题（如如何处理依靠固定收入生活的人群），还会造成公众对房地产税的普遍反对。

其次，普遍采用的基于判断方法的房产估值亦是房地产税不受欢迎的原因之一。对人们来说，房地产税基的确定方法是不确定的，甚至是不可理解的，如果要提高税率，公众肯定会不满并有抵触情绪。

最后，房地产税之所以不受欢迎，是因为它太明显突出了。多数所得税纳税人需要预扣税款。即便如此，他们可能无法准确地报告其每年的纳税额。消费税的支付以小额增量的形式加总在商品价格中，且常常被商品的最终价格所掩盖，大多数人甚至无法估计每年支付的增值税额。但是房地产税却是摆在眼前、非常明显的，它通常是每年或每季度结算，而业主更可能确切地知道他们付了多少。

（四）弹性

政府官员希望税收收入能够自动增长。如此一来，每当遇到公共服务的需求或成本增加，政府官员可以免于就提高税率而反复征得选民同意。房地产税不是具有收入弹性的税种。基本问题在于只有经过一定时期才能重新评估房地产价值。因此，每年税收增长主要来自于通过建设而扩大的税基。如果过于频繁地进行再评估，如每5年或每10年，则会导致一次性增加大量税务负担，招致选民的不满。如此一来，国家不得不利用各种手段降低房地产税的影响，但这些措施终将降低房地产税的实际税率。一些处理房地产税低收入弹性问题的创新方法已经在国际上实施，包括约旦、哥伦比亚和巴西所采用的指数化方法，以及菲律宾所采用的重新评估值的阶段化方法。

第三节 国 际 经 验[①]

每个国家情况不同，因此中国并不能简单地复制任何一个模式。中国的体系必须要有中国式的设计。不过，中国还是可以从其他国家的实践中学到不少经验的。

一、市级财政模式

和大多数国家一样，中国面临的问题是为筹集地方财政收入找到合适的工具，

[①] 本节讨论的案例是从 Bahl（2010）、Bird 和 Slack（2013），以及 Martinez-Vazquez（2013）总结而来。

即要能以合理的成本管理地方税收，产生显著收入，并且不会导致税负向其他行政区域的居民输出。国际经验显示大多数工业化国家和一些较大的中等收入国家已经下放税收权力，但大多数发展中国家尚未实施税收分权。

本章所提出的策略中，一个重要的标准是地方政府可以设置税率。这将税收工具的选择局限在那些不产生税负输出而且在管理上要可行的税种。虽然所有的税收都会产生管理成本，而且没有哪种税是可以完全避免税负输出的，但有些税种的情况会稍好于其他税种，总有一些获取地方财政收入的方式能或多或少地满足这一标准。

在许多工业国家，财政改革的一个基本目标是提高地方政府的财政自给能力，即提高所谓的"垂直平衡"。在一些国家，这个策略成功了，特别是当改革的主体是较大城市的政府时。东京大都市区域政府既具有市级地位又具有省（州）级地位，因此它的税基范围大于日本其他地方政府。约70%的东京大都市政府税收来源于地方税。多伦多地方政府融资结构更传统一些，主要依赖于房地产税和使用者付费，两者约占多伦多大都市预算的60%，仅房地产税一项就占41%（OECD，2009）。

部分北欧国家和西班牙的地方政府主要依靠个人所得税，而纽约市则更多使用零售销售税、个人和企业所得税及营业税的组合。斯德哥尔摩地方政府支出中的80%由地方收入支持，主要来源于所得税。在巴黎，主要的地方税种为营业税，它是扣除发放工资总额之后计算的一种增值税。

一些工业化国家的大都市地方政府并不具备较大的征税权力（Slack，2007）。伦敦市政府绝大部分的收入来源于中央政府拨款，斯图加特地区政府没有税务部门，温哥华地区财政主要依靠使用者付费和政府间转移支付。

在大多数低收入和中等收入国家，大型城市政府并不过多依赖地方税收。尽管大都市区的地方政府有能力运作更多样的税种，但多数大都市区的地方政府仍只限于将房地产税和使用者收费作为收入的主要来源。也有一些例外，如在巴西、阿根廷和哥伦比亚，大城市主要依靠总收入税来负担公共服务。

二、房地产税

房地产税在联邦制英语国家颇受推崇，但在非英语国家和单一制国家就显得没那么重要（Lotz，2006）。房地产税主要是城市税。在多伦多、蒙特利尔和墨尔本大都市区，房地产税的收入占地方政府财政一半以上，而在纽约市，房地产税占政府预算的34%。

其他OECD国家和转型国家一些大都市区的地方政府开始采用不同的模式。荷兰的城市，包括兰斯塔德地区的城市在内，房地产税收入所占比例小于5%。挪威没有地方政府房地产税（OECD，2006）。在哥本哈根，城市的主要收入来源是所得税,房地产税只占很小的部分。斯德哥尔摩、东京和瑞士的城市也是如此。在城市层面上,马德里的房地产税显得稍微重要一些,但财政还是以区域政府征收的所得税为主。在韩国的釜山和大邱,房地产税是地方财政的重要来源,但大部分收入来自于房地产转让环节的征税。

大多数低收入和中等收入国家政府,似乎并不完全认可房地产税适于为大都市地区地方公共服务提供资金。虽然大部分大都市地区的房地产都在增值,但大部分城市国家的价值评估未能捕捉到价值的增长,即便在拥有很多大都市区的国家情况亦是如此(Mathur et al., 2009; de Cesare, 2004)。此外,房地产价值再评估的延误现象十分普遍,极大地降低了房地产税的收入弹性。由于管理成本高昂且不受选民欢迎,低收入国家的房地产税实践无法证明房地产税对于地方政府来说是一个好的税种。

房地产税为大城市提供资金来源的能力存在巨大差异。在开普敦,约20%的政府收入来源于对土地及其地上房产征税,这一比例与来源于转移支付的收入比例相当。

墨西哥城大都市区和伊斯坦布尔大都市区内城市的主要收入来源是房地产税。不过,这两个地区的地方政府都无权设定税率或确定税基。印度的地方政府拥有一定的决定权,但结果大同小异。低税收收入在很大程度上源于税收的管理不善。例如,在孟买大约只有70%的房地产缴纳税款,而在加尔各答房地产的评估价值只有其真实价值的20%(Mathur et al., 2009)。

第四节 中国实行房地产税的具体问题

中国的房地产税设计和实施将面临一系列问题,绝大多数问题可以通过合理的税收结构来解决。房地产税可以在中国现有的政府财政法律体系下实行,再进一步与国际接轨。

中国还面临着政策步骤失当的问题,这一问题也是许多国家所面临的,另外一个问题是推行一个更为复杂的治理结构所蕴含的难度。

一、地方税还是中央税?

在中国,只有中央政府有权立税。因此,问题在于房地产税能否由国家法律设立但由地方政府征收。答案是肯定的,并且可以通过两种制度设计来满足这一条件。第一种安排是,房地产税由国家立法设立,并由中央政府管理,但税率由地方政府进行设定。第二种安排是,房地产税由国家立法设立,但由地方政府管理并设定税率。无论使用何种制度安排，房地产税都将由地方政府征收，因为地方政府拥有一定的裁量权来确定税收收入的规模。事实上，也有国家同时使用这两种模式。

由地方政府设定税率并管理税收的方案最符合财政分权体系。地方政府在房地产税管理方面具有比较优势，因其更为了解地方税基。地方政府更容易追踪新企业、住宅项目和公共建筑的区位信息。此外，在这种模式下，地方政府比中央政府更有动力对税收进行有效管理，因为地方政府获取所有的税收收入。如果中国的政策目标是在税收方面实现更大程度的地方自治，那么由地方政府设定税率并管理税收是更好的方式。

二、对所有权征税？

在中国如何对房地产所有权征税？中国的土地是国有或集体所有。土地可以长期出让，但不能出售。然而，对房地产征税，即便名义上是对建筑物征税，但实际上税收中同时包含了土地和建筑的价值。这是因为在税收中考虑了房地产的区位价值。如果家庭 A 或者企业 A 的位置比家庭 B 或企业 B 所在的位置更理想，服务更好，那么 A 会付出更高的房地产税，即便房地产本身其他方面的性质相同，结果亦是如此[①]。

这个问题的答案是，可以对包括土地在内的财产使用权征税，纳税义务加诸使用权的所有者。当租约到期时，使用权返还国家。

三、出让的土地是否也要征收房地产税？

另一个问题是土地出让金和房地产税是否造成了双重征税。部分观点认为支付土地出让金已经补偿了公共服务。

但事实上，二者的支付目的不同。土地出让金购买的是土地使用权，并不包含政府后续提供公共服务的费用。土地出让金也没有对将来的税收进行任何预付。

此外，房地产税是对政府提供的服务收费。费用可能每年发生变化，取决于所提供服务种类的改变或提供现有服务的成本变化，对同一个房地产分别收取出让费和房地产税的情况并不罕见。

四、房地产税能否负担得起？

房地产税会增加使用房地产的税收价格。公民和企业被要求缴纳房地产税，为其享有的公共服务支付部分费用。有观点称高房价、低工资可能导致大多数人

[①] 没有包含区位价值，房地产税没有完全捕捉到潜在土地利用效率的收益。

负担不起房地产税。此外,也有观点认为其享有的房地产相关服务的质量无法保证更高的税收价格。这样的说法将引起政府领导的共鸣。

抛开政治不谈,已有很好的观点反驳了上述论断。首先,政府提供服务必须要收费。较高的房地产税份额也意味着其他税种的份额较低,或意味着购买了更高品质的服务。当然,也可以通过增值税或所得税的方式实现对房产相关服务的收费,但这并不意味着税负会降低。其次,家庭在购房之前应该考虑到所有方面的成本,即房屋的成本和公共服务的成本。在支付能力方面,与住房成本相比,房地产税带来的成本相形见绌。

有一个关于支付能力的难题,涉及居住在随时间增值的房产中却依靠固定收入(如养老金)生活的人群。如果根据房地产价值征收房地产税,养老金领取者可能没有能力缴纳税款而被迫离开居住的地方。在这样的情况下,支付能力问题确实成为一个难题,需要进行一些特殊的安排,许多国家在这样的情况下做出了让步。

第五节　中国推行房地产税的未来展望

中国是世界上为数不多的没有按年度征收房地产税的国家之一。理论上,中国本可以通过房地产税这样一类城市税创造可观的收入。对中国而言,每年房地产税收入达到 GDP 的 1%是一个可行的改革目标。

可以肯定,中国有大量的房地产可以被征税。据估计,城市家庭财富中的不动产价值大约是 GDP 的 200%。即使是以相对较低的实际税率 0.5%对税基总体进行估算,仍可以产生相当于 1%GDP 的收入。

不过,未来要实施房地产税并不容易。其他国家的经验可以作为参考的一点就是,房地产税推行将会遇到很大的政治阻力。以下几点思考主要关于如何在推行房地产税的进程中尽可能避免问题,增加成功的可能性。

(1)首先应将重点放在税收设计上。税收的结构应该反映出政府最希望实现的目标,如增加收入、对房地产征税、提高地方服务的税收价格等。最重要的是房地产税基的选择,尤其是税基是否以价值为基础。大量仔细的税收设计工作可以创造收益,并避免以后产生重大问题。

(2)在引入新的房地产年税时,需综合考虑整个房地产税收体系的改革。目前,中国有五大与房地产相关的税收:①城镇土地使用税,对城市区域范围内的房地产征收;②营业税,根据房地产原始价值征收;③土地增值税,根据土地增值额度征收;④耕地占用税,以面积为单位征收;⑤契税,根据房地产转让时申报的房地产价值征税。上述税收加总约占全国税收收入的 8%，占全国 GDP 的 1.6%（Man，2011）。

大部分现行房地产税是转让过程中的征税，因此更像是一组相互关联不大的税收集合，而非目标明确的房地产税体系。中国应该以建立房地产税收体系为目标，整合税收管理，并消除现行五种税收之间存在的重复征收。

（3）缓慢推进，试点先行。原则上，房地产税试点是一个好主意。重庆和上海的试点在最小范围内进行了税收设计。重庆试点只涉及高收入居民住宅，地块面积不到城市总面积的 3%，并且不涉及价值评估（计税基础为减去免税面积之后的购买价格），每年创造的年收入大约只有 1 亿元。上海试点同样也局限于一小部分的存量住宅。它对住宅的新居民征税，只限于拥有第二套住房的长期居民，而且提供了优惠的豁免政策。两个试点都没有涉及房地产评估的难题，也没有尝试将房地产税与其他形式的房地产税整合。除了对试点地块有些影响，试点对于推动中国房地产税在全国范围内实行并无显著作用。

在实践中，更好的方法应当包括不同的试点顺序和差异化的税收结构设计。先由中央决定税收和管理的基本结构，然后进行试点。这样可以吸取试点的经验教训，并在此基础上完善既有的税收结构和税务管理。

（4）确定房地产税税基和房地产价值评估方法是成功实行房地产税的关键。作为推行的第一步，政府应该把管理制度和人员配备做到位，实现地块分类和评估，并安排再评估。对于确定征税地块和收集地籍信息，都可以借鉴重庆和上海的试点经验。如果确定适用基于面积的房地产税体系，税基的确定会相对容易，但仍然需要大量的准备工作。

（5）如果地方政府没有改变税基的权力，那么房地产税的执行问题可以减到最少。这将鼓励地方政府专注于完善管理并选择合适的税率。在此税率下，税收价格能够支撑合理的公共服务水平，同时，地方政府就没有机会以特殊房地产税减免为形式提供竞争性补贴。这样一来有利于扩大税基，并保障制度公平，因为没有企业或个人能够被优待。

（6）中央政府也应该坚守其所设定的税基，并杜绝利用房地产税开展社会工程，如利用房地产税去尝试和实现社会目标。其他国家开展社会工程的例子，包括降低农民房产估值，提高企业的房产估值，对房屋所有者而不是租赁者实行税收减免，以及免除非营利性企业的房地产税。

（7）政府应当为向房地产税的艰难转型做好计划。在一个大多数税收都是间接征收的国家里，房地产税是全新的，也需要时间来适应。此外，执行初期肯定会为包括估值和计发税单在内的管理问题所累。

参 考 文 献

Bahl R. 2009. Property Tax Reform in Developing and Transition Countries. Washington: USAID.

Bahl R. 2010. Financing metropolitan areas//United Cities and Local Governments. Local Government Finance: the Challenges of the 21st Century. Second Global Report on Decentralization and Local Democracy. Cheltenham: Edward Elgar: 309-331.

Bahl R, Goh C C, Qiao B Y. 2014. Reforming the Public Finance System to Fit a More Urbanized.Beijing: China Financial & Economic Publishing House.

Bahl R, Linn J, Wetzel D. 2013. Financing Metropolitan Cities in Developing Countries. Cambridge: Lincoln Institute of Land Policy.

Bahl R, Martinez-Vazquez J. 2008. The property tax in developing countries: current practice and prospects//Bahl R, Martinez-Vazquez J, Youngman J. Making the Property Tax Work: Experiences in Developing and Transitional Countries. Cambridge: Lincoln Institute of Land Policy: 35-57.

Bird R, Slack E. 2013. Metropolitan public finance: an overview//Bahl R W, Linn J F, Wetzel D L. Financing Metropolitan Cities in Developing Countries. Cambridge: Lincoln Institute of Land Policy: 135-158.

de Cesare C M. 2004. General characteristics of property tax systems in Latin America. Paper Presented at 7th International Conference on Optimizing Property Tax Systems in Latin American, Guadalajara, Jalisco, Mexico.

de Cesare C. 2010. Overview of Property Tax in Latin America. Working Paper WP10CD1. Cambridge: Lincoln Institute of Land Policy.

Kelly R. 2000. Designing a property tax strategy for Sub-Saharan Africa: an analytical framework applied to Kenya. Public Budgeting and Finance, 20(4): 36-51.

Lotz J. 2006. Local government organization and finance: nordic countries//Shah A. Local Governance in Industrial Countries. Washington: World Bank: 223-264.

Man J. 2011. Local public finance in China: an overview//Man J Y, Hong Y H. China's Local Public Finance in Transition. Cambridge: Lincoln Institute of Land Policy: 3-20.

Martinez-Vazquez J. 2013. Local non-property tax revenues//Bahl R, Linn J, Wetzel D. Financing Metropolitan Governments in Developing Countries. Cambridge: Lincoln Institute of Land Policy: 183-212.

Mathur O P, Thakur D, Rajadhyasksha N. 2009. Urban Property Tax Potential in India. New

Delhi: National Institute of Public Finance and Policy.

OECD. 2006. Stockholm. Sweden: OECD Territorial Reviews.

OECD. 2009. Toronto. Canada: OECD Territorial Reviews.

Slack E. 2007. Managing the Coordination of Service Delivery in Metropolitan Cities: the Role of Metropolitan Governance. Washington: The World Bank.

Wetzel D. 2013. Metropolitan governance and finance in Sao Paulo//Bahl R, Linn J, Wetzel D. Government Finance in Metropolitan Areas in Developing Countries. Cambridge: Lincoln Institute of Land Policy: 309-338.

本 章 附 件

（一）房地产税收管理：国际经验对中国的启示

几乎所有的分析都强调了房地产税管理不善的问题，这个问题也被看作是发展中国家和中等收入国家房地产税收入低而且税收体系不公平的原因（Bahl，2009），很多改革措施都把管理的改革作为重中之重，许多建议也体现了高度的一致性。

有两种常见的观点。首先，低收入和中等收入国家房地产税的问题源于不良的税收结构和薄弱的税务管理。税率和税基结构的缺陷复杂化了很多问题，也使行政管理变得更加困难。其次，行政上的各种约束往往建构成一个不可逾越的屏障，领导往往以此为由不作为，逃避创造一个可行的房地产税所需要面临的问题。事实上，行政约束可以通过制度的精心设计和协同努力来放宽，但只有房地产税产生足够的收入，这方面的努力才有意义。

（二）行政改革的制约因素

选民和选举产生的地方政府往往都反对房地产税管理的改良，主要有以下几个原因。一般而言，选民和代表偏好较低的房地产税税负而不是"好"的房地产税结构。这个现象在美国很普遍，美国80%的州已经限制房地产评估值的增长，由此导致了不公平的税负分配。

行政管理体制改革另一个重要的制约因素是，它注定会带来不受欢迎的结构性改革。适当的结构性改革将挑战目前颇受欢迎的一些做法。例如，低估房地产价值，给予房产所有者自己居住的房产的税费豁免，以及薄弱的税收执法力度。

最后，对于低收入和中等收入国家紧张的政府预算而言，必要的行政改革成本被认为过于高昂。虽然有关改革的研究没有估算出改革措施的具体成本，但改革成本相对于当前税率收取的税收收入而言是高的。这里要注意有两种必须测算的行政成本：①建立基本税收体系的一次性大量支出；②与正常税收管理工作和税收体系维护相关的运行成本。目前的税收清册越老旧，改善所需的成本越高。房地产税改革的高成本难以避免。但如果伴随着显著的收入，负担则相对变轻。

（三）常规的建议[1]

房地产税收管理有四个关键步骤：①明确所有房地产；②保存之前的记录，以便持续地更新税收清册；③评估和再评估；④收税和申诉。任何国家要了解房地产税的收入潜力，都必须完成以上四个步骤。如果改革方案认识不到这一点，就不可能获得成功。例如，20世纪80年代菲律宾房地产税收管理改善项目在税收地图和更新评估方面取得了成功，但因为糟糕的收税方式一直得不到改善，所以这一项目从未使收入得到提升。尽管房地产价值增加了37.5%，可征税房产增加了13.6%，但实际税收收入仅增长了1.1%。与此相反，印度尼西亚改革是比较成功的。通过专注于提高收税效率，改善估值和评估方式，印度尼西亚房地产税的征收效率从65%提高到79%，而房地产税收入在总收入中所占份额从1990年至1991年几乎翻了一番。

房地产税管理机构必须将以上四个步骤列入行政清单，而且，各个责任部门间必须相互协作。

制定完整的税收清册。建立一个可行的房地产税管理体系，首先要确保所有的土地及其地上建筑物都记录在税收清册上，并且就税收清册的定期更新制定相应的办法。虽然合理的价值评估只能是一个渐进式的过程，但是一个完整的税收清册是成功实现价值评估的基本前提。

税收清册应该包含哪些内容呢？理想情况下，税收清册应当包括所有房产，当然也包括工商业用于从事经营活动的永久建筑。如此一来，即便非正规部门不在所得税的税基中，仍可以通过将其纳入房地产税基对其课税。税收清册还应当包括所有免征税地产的信息，并评估其价值。自有和租用的住宅，以及闲置土地和建筑物，也都要记录在案。这个方案的灰色地带在于非正规住房（如棚户区）和所在地块难以划归的房屋。调查非法居住区可通过现场检查，航拍照片和卫星图像。但由于其成本较高，de Cesare（2004）指出巴西的税收清册极少涉及非法居住区，导致地籍信息非常不完整。

未将部分土地和建筑纳入税收清册的状况在发展中国家很普遍。例如，肯尼亚城市记录的范围只达30%~70%（Kelly，2000）。在智利，一半的新建筑没有记录。2005年左右，德里房地产的记录范围估计只有40%左右（Mathur et al.,

---

[1] 本章节主要来源于 Bahl 和 Wallace（2010）。

2009）。

只是明确地块及其数量是不够的，必须明确所有权并保持更新。因为存在所有权不明晰或无所有权的现象，以及所有者缺位的现象，确定纳税主体的过程十分复杂。尽管如此，如果不对房地产及其所有权进行前期调查并将二者联系起来，房地产税将远远达不到其收入潜力。

政府应当如何着手建立地籍信息？对于许多发展中国家而言，这是一项十分艰巨的任务。国家越穷，难度越大。加蓬是一个有趣的例子。在其已经确定的 45 000 个房地产当中，只有 15 000 个有产权（Monkam，2008）。建立完整的地籍信息是一项非常昂贵的工程，但随着地理信息系统和税收地图的运用，建立地籍信息的成本将变得更加可控。确定房屋产权的工作亦十分巨大。在大多数低收入国家，无论是建立地籍信息还是确定房屋产权既需要了解当地情况，又需要外部技术援助。问题在于地方政府是否愿意（或是否应该）为了微薄的收益而花费甚多。

另外，在发展中国家，地籍信息的开发和维护是由中央机关还是地方政府来完成比较好。事实上，具体实践采取了两种方式以及这两种方式的变体。东欧的一些转型国家中，中央部门负责房地产记录和估值，如立陶宛的国有土地地籍管理部门（Aleksiene and Bagdonavicius，2008）。中央估价机构可能具备更专业的知识，并能开发出更好的分析系统。立陶宛完全计算机化的房地产登记系统将土地与建筑物的数据库相联系，并包括了国内所有的地块信息。

有些学者对依赖于中央机关进行房地产记录与评估持审慎态度。Kelly（2000）认为，在地方政府获得收益的情况下，出于效率的考虑，地方政府在准备税收清册和房产估价过程中定能发挥重要作用。在一些拉美国家（如危地马拉和墨西哥），随着地方政府有能力对税收进行管理，这一行政职责逐渐移交给了地方政府（de Cesare，2004）。在巴西，房地产税的管理责任完全在地方政府。在乌拉圭，中央政府负责土地清册及估值，但是首都蒙得维的亚自行构建地籍信息、完成房产估值。

记录保存。升级记录保存的方法和系统是非常重要的。主文件应包括所有地块的完整信息，其中包括房地产外观形态、价值评估和纳税记录及所有权和使用权信息。许多国家的系统不完全自动化，且只有部分信息是有记录的。

建立一个完整的房产信息系统不仅十分必要，这个系统的有效运转还依赖于信息的及时更新。这包括追踪所有新的房产改良，以及房产分割和所有权的变化。最佳的做法是通过系统展示出及时准确的数据流，这需要充足的人员配置、有效的跨部门协调、适当的自动化，以及政府的大量投资。

这里的一个相关问题是，房地产税法律越复杂，及时更新越难实现。例如，许多国家给予业主自用房产优惠待遇，因此必须要追踪房屋的使用情况。另外常见的做法是使用评估价值和国家对非住宅房产设定较高的法定税率。对此，土地利用状态也必须及时跟踪，混合利用房产（商住两用房产）的使用强度变化也需要及时更新。

有时候政治甚至是法律，会阻碍房地产税收所基于记录的维护。良好的实践要求所有确定土地价值和追踪纳税情况的系统相互关联。独特的地块编号的采用使获得现成的信息成为可能，这些信息包括对土地及其改良物的描述、纳税和评估记录、转让价值和所有权变更。de Cesare（2004）指出，在厄瓜多尔的瓜亚基尔市，房地产公共登记系统和地籍信息间的在线整合使房地产记录从1993年的165 000个增加到2001年的418 474个。

但土地登记部门和估价机构有时并不相互配合。例如，在牙买加，记录房地产转让价值的印花税办公室和土地估价部门过去竟然使用不同的地块识别码（Sjoquist，2005）。

估值的目标是明确的：要在法律要求的范围内对房地产进行估值，也要依法对房产价值进行再评估并保持评估的公平。多数低收入和中等收入国家的实践并没有实现这些目标。

改善价值评估的第一步是政府需要明确究竟是对租赁价值、资本价值还是面积来征税，以及如何处理土地改良物。还需要明确法定税基是完全市场价值还是分等定级的结果。通常情况下政府会无视房地产税法案中规定的市场价值目标，在操作过程中低估总体价值。事实上，启动改革进程一个好的切入点是对国家房地产税的结构和实践进行全面回顾。很多时候，在基础不牢固的情况下引入新的举措只会使其丧失既定的目标。全面总结现状有助于明晰推行房地产税的目标，并且能够使推行房地产税变得不那么复杂，更易于管理。

第二步是要弄清楚评估所使用的方法。由于发展中国家和转型国家缺乏价值的参考依据，也缺乏评估的经验，因而这一步尤其重要。每个国家都应该有一套技术指南，该指南应明确规定评估流程，并展示出能够为法庭所接受的评估方法。

发展中国家完善房地产估值的一大制约在于政府部门中缺少合格的评估师。有些国家面临的问题是无法为评估师提供良好的职业训练和学位课程。几乎所有国家都存在政府和企业之间给予评估师报酬差别很大的问题。在许多发展中国家，合格评估师的缺乏还体现在估值的不公正和再评估的一再拖延上。这些国家应该开展能力建设项目来解决这一问题。

关注评估过程的效率也很有必要。如果法律要求以市场水平估值，或者如果目标是特定的分级评估，那么就应当通过检验来监测评估的准确性。具体而言，销售率（sales ratio）的研究可以用来界定房地产价值低估的平均水平[①]。但在发

---

① 销售率研究比较在研究时期内售出的房地产样本的真实销售价值和评估价值。

展中国家通常没有可靠的交易价值能够用来与评估价值进行比较，可以（也应该）通过各界专家（房地产经纪人、抵押贷款银行家、地产代理等）商议解决方案，或者让评估师粗略测算低估的平均水平。

最后，多数发展中国家和转型国家估价问题的背后是缺少房地产销售价值的可靠数据。许多发展中国家的流转税率很高，因而产生少报房地产价值的激励。大量的证据表明少报房地产价值的现象确实存在。这个问题可以通过质疑申报销售价值的方式来解决，但这个方法成本很高。很少有哪个税务部门在执行这一方法时不是敷衍了事的①。另一种方式是完全取消房地产流转税，或者用不动产资本收益税取代流转税。这种方式至少消除了少报房地产价值的动机，而且资本收益税能够促使纳税人在申报过程中自行检验房地产价值。

征收、执行和申诉。有效的征收/执行机制能够显著提升房地产税的收益。各种研究估算了房地产税的征收比例（征收税款占应缴税款的比例），结果十分惨淡：菲律宾为50%，肯尼亚为60%，克罗地亚为70%②，马其顿为15%，孟买为55%，黑山为43%。但在拉丁美洲，征收率要高得多，哥伦比亚约为75%，而波哥大的征收率则高达90%（de Cesare，2004）③。

为什么在很多发展中国家和转型国家征收率如此之低？最明显的原因是，如果执行力度不够强且处罚力度不够大，人们将逃避纳税。我们也知道，在合规成本很高时民众同样将拒绝纳税。在指定日期排队缴税也体现了较高的合规成本。在收税人员前往住宅和企业收税时，向收税人员支付费用或贿赂收税人员同样体现出了较高的合规成本。

征税人员也存在问题。如果由地方政府进行征税，征税人员往往不敢对地方权贵强制征税。如果由中央政府进行征税，由于需要与地方共享税收收入，中央政府往往缺少严格执行的动力。

此外，纳税人可能觉得税收是不公平的，或纳税人不明白房地产税是如何运作的，导致纳税人自愿纳税的可能性很低。我们常常可以听到这样的抱怨："为什么要为并不充足的公共服务支付地方税？"④最后，如果问题不解决就无须缴纳税款，那纳税大户可能会发现申诉是一个有效的策略。在这方面，他们可能会指望当地法院系统缺乏房地产税的专业知识，或者无暇顾及他们的申诉。

政府为了提高征收率本可以采取更激进的措施，但它们很少这样做，如强制执行税收留置权（tax foreclosure）和通过拍卖出售，但这样严厉的措施并不常用。

---

① 关于牙买加质疑申报销售价值所用方式的讨论，详见 Bahl（2004）。
② 指的是对城市土地利用征收的税。
③ 应当注意在征收率的测算中是否包含了收取的拖欠税款和发生的拖欠税款。
④ 一项在保加利亚对城市居民进行的有趣的调查指出，大约20%的受访者能够辨别出设定该税率的政府的级别（Ivanov and McCullough，1998）。

完税证明只有在出售已缴税的土地时才有效，即便是在报纸上刊登违规人员的名字（即所谓的"点名羞辱"）的做法也不常见。

是否有比目前征收和执行房地产税的方式更好的办法？当然，首先政府必须愿意使用法律所赋予的征税权来推行房地产税。此外，政府需要简化税收程序，并使纳税义务更加易懂。那些简单基于面积征收房地产税的国家认为民众对房地产税的执行有所增加，因为纳税人能够理解其责任。一些国家已经发现，利用银行代替征税官员，并通过银行统一缴税确实提高了效率。

（四）衡量管理成功与否

一个国家如何知道其房地产税管理是否有效？实际上行政成本取决于许多因素，至少包括征收的收入总额、评估公平性、税收结构本身的复杂性及政府为了完善税收管理建设基础设施的投资。要确定征收成本的标准并依此进行国家间的比较并不是一件简单的事。

一些研究已经转向通过跨国比较估算房地产税征收的平均成本。这些研究主要集中在 OECD 国家，并给出了一些可以比较的"标准"，"但是，一般只有西方发达国家的年行政成本能够仅占收入的 2%~5%，而比率超过 10% 就是产生问题的前兆。"

如果通过发展中国家和转型国家的数据估算行政成本，可能会得不到有用的结果。成本比率的分子应该是房地产税管理每一步所涉及的各个部门的实际支出的加总，分母应该是征收到的税收总额。成本比率低可能表明税务管理有一定的效率，但它也可能意味着政府税收管理支出非常低。也许可以从一个概念性的测算中获取更多信息，即基于特定标准的评估效率、征收比例等，计算征收一定数量的税收所发生的成本。该计算最好在以国家为案例的分析中进行。

参 考 文 献

Aleksiene A, Bagdonavicius A. 2008. Lessons from the introduction of value-based property taxes in Lithuania//Bahl R W, Martinez-Vazquez J, Youngman J M. Making the Property Tax Work: Experiences in Developing and Transitional Countries. Cambridge: Lincoln Institute of Land Policy.

Bahl R. 2004. Property transfer tax and stamp duty jamaica comprehensive tax study, paper number two. Atlanta: Andrew Young School of Policy Studies, Georgia State University.

Bahl R. 2009. Property Tax Reform in Developing and Transition Countries. Washington: USAID.

Bahl R, Wallace S. 2010. A new paradigm for property taxation in developing countries//Bahl R, Martinez-Vazquez J, Youngman J. Rethinking the Conventional Wisdom About the Property

Tax. Cambridge: Lincoln Institute of Land Policy.

de Cesare C. 2010. Overview of property tax in Latin America. Working Paper WP10CD1. Cambridge: Lincoln Institute of Land Policy.

de Cesare C. 2004. General characteristics of property tax systems in Latin America. Paper Presented at 7th International Conference on Optimizing Property Tax Systems in Latin American, Guadalajara, Jalisco, Mexico.

Ivanov S, McCullough J S. 1998. The Potential and Performance of the Local Property Tax. Washington: The Urban Institute.

Kelly R. 2000. Designing a property tax strategy for Sub-Saharan Africa: an analytical framework applied to Kenya. Public Budgeting and Finance, 20 (4): 36-51.

Mathur O P, Thakur D, Rajadhyasksha N. 2009. Urban Property Tax Potential in India. New Delhi: National Institute of Public Finance and Policy.

McCluskey W J, Franzsen R. 2013. Property taxes and land taxes//Bahl R, Linn J, Wetzel D. Government Finance in Metropolitan Areas in Developing Countries. Cambridge: Lincoln Institute of Land Policy.

Monkam N. 2008. An Evaluation of the Property Tax in Gabon Property Tax Research Project on the African Continent. Cambridge: Lincoln Institute of Land Policy, Pretoria: African Tax Institute.

Sjoquist D L. 2005. The land value tax in Jamaica: an analysis and options for reform. Internation Center for Public Policy Working Paper, 59: 489-497.